U0589933

大夏书系·教育新思考

READING

读书
——教师的第一修炼

徐 飞 著

READING

READING

R

E

A

D

华东师范大学出版社

ECNUP

全国百佳图书出版单位

·上海·

图书在版编目（CIP）数据

读书：教师的第一修炼/徐飞著.—上海：华东师范大学出版社，2016
ISBN 978 - 7 - 5675 - 5474 - 0

Ⅰ.①读... Ⅱ.①徐... Ⅲ.①中学教师—读书方法 Ⅳ.① G792

中国版本图书馆 CIP 数据核字（2016）第 157795 号

大夏书系·教育新思考

读书——教师的第一修炼

著　　者	徐　飞
策划编辑	李永梅
审读编辑	齐凤楠
封面设计	柏丰艺术

出版发行	华东师范大学出版社
社　　址	上海市中山北路 3663 号　邮编　200062
网　　址	www.ecnupress.com.cn
电　　话	021 - 60821666　行政传真　021 - 62572105
客服电话	021 - 62865537
邮购电话	021 - 62869887　地址　上海市中山北路 3663 号华东师范大学校内先锋路口
网　　店	http://hdsdcbs.tmall.com

印 刷 者	三河市龙林印务有限公司
开　　本	700×1000　16 开
插　　页	1
印　　张	15
字　　数	190 千字
版　　次	2016 年 8 月第一版
印　　次	2025 年 9 月第十一次
印　　数	35 101 - 36 100
书　　号	ISBN 978 - 7 - 5675 - 5474 - 0/G·9670
定　　价	49.80 元

出 版 人	王　焰

（如发现本版图书有印订质量问题，请寄回本社市场部调换或电话 021-62865537 联系）

目 录

"十足的读书人"徐飞

"十足的读书人",此说来自台湾。从二十世纪五十年代开始,台湾地区一直有在评选"十足的读书人"。蒋介石身后的台湾一把手,也是我们的苏州老乡——严家淦,就获得过这个称号。在今天这样物欲横流的功利主义时代,真正的读书人越来越少,"十足的读书人"也许是珍稀物种。然而,在我的视野里,徐飞称得上是一个"十足的读书人"。

认识徐飞有点偶然。当年,我在苏大附中任校长,面向全国招聘教师,看到他的应聘材料时我眼睛发亮。通知他来校考核面试,他的答复是,正教高三,不便抽身。于是,相商决定,我们去他的学校,进他的课堂,听课考核。江苏有个教育高地南通,南通的黄海之滨有个创造了高考奇迹的乡间名校,徐飞便就职于此。我是打着参观学习的幌子,派人悄悄潜入徐飞课堂的。全国各地前去学习取经者云集,学校接待任务很重,但那天我带教研组长一行20多人到校,一把手姚校长百忙中亲自陪同接待,午间还盛情宴请。十多年来,每每想起这事,我便心生愧疚。背着人家挖人,还蒙受如此热情,我这样做是不是太不君子了?羞愧之际,我总自我安慰:不择手段,实现最高理想,这是完美主义的性格特征!

认识是偶然的,相知却是必然。因为我们都是爱书胜过一切的完美主义者,我们都称得上是"十足的读书人"。很难给"十足的读书人"下个定义,但最本质的一定是有强烈的家国情怀,一定是骨子里有社会担当和圣贤精神。这样说,也许有点拔高自己,换一种说法,我俩都有真真切切的书生情怀。在今天这个时代,"情怀"一词已经褪色,但它永远是一个人生命中的天使。

中师毕业，侧身东海之滨、落后偏远的农村初中。因为优秀，被调入当地的名牌高中任教。从苏北到苏州，从教师到教研员；从苏州市首届"十佳"班主任，到中国教育报2014年度全国推动读书十大人物。说他优秀成功卓越也好，说他影响日隆扬名江湖也罢，也许，一切的一切，都受益于读书，都缘于清风朗月般的书生情怀。前年，徐飞乔迁新居，邀我们去参观分享，自始至终，他津津乐道的便是有多少书架和藏书。正是爱书这一共同本性，使我们成了忘年至交。拿起任何一本书，心底都有一种连自己都不知道的欲望——改变自己，这是我们共同的一个很伟大的但也很卑微的欲望。有时，一个人，一本书，一杯茶，独坐临街书桌前。累了，起身推窗，看熙熙攘攘的都市中，"人群如蝼蚁般奔忙，车辆如过江之鲫那样穿行"，更觉读书之享受无比。

对真正的读书人而言，书是最亲密的友人、爱人、情人。浏览徐飞的藏书，你会发现，他读的都是一流的书。这些书，不仅是文字，还是生命。这些生命，对徐飞来说，都是起一种引领人生的作用。他在阅读中摆脱了平庸，也在阅读中实现了高贵和优雅。学以致用是中国读书人的最好传统。徐飞阅读广泛，在工作上聚焦于中学语文教学，特别是作文教学。这几年，他在中学语文圈内逐渐有了知名度，在教育江湖的影响也越来越大，这首先得益于他的刻苦读书。与其说他是一位教育专家，不如说他是一位读书专家。全国"推动读书十大人物"，这样的称号给他，实在是实至名归。当然，徐飞还没有到达另一种境界——不在乎或不需要社会和他人的认可！

真正的读书人，"十足的读书人"，其实不仅仅体现在工作事业上的优秀卓越，更重要的是能够在精神和人格上，在事业境界和生命格局上不断攀升。徐飞二十年如一日，如痴如醉地读书，读了这么多经典好书。让我一直为他高兴和庆幸的是，读书成就了一位经世致用的名师，而不是一个脱离现实的迂腐偏执的书呆子。

用九型人格理论对照，徐飞不是李白一类的4号人。4号人喜欢自由，追求创造，敢于走自己的路，不愿被牵着。徐飞至今一直在体制内埋头苦干、兢兢业业。徐飞也不是杜甫那样的 7 号人。7 号人善于交往，乐观向上，热爱生活，追求快乐，能在逆境和痛苦中寻找乐趣。这有点像徐飞，但徐飞没有 7 号人的逃避痛苦和放纵散漫。他有点像 3 号人——目标导向明确，学习勤奋，博览群书，目的性方向性很强。但 3 号人往往爱张扬，爱出风头，而徐飞一直谦卑低调，不爱虚荣奢华。

也许是有偏爱，我认为，徐飞具有孔子、梁启超那类理想的 1 号人的性格特征。从总体上说，1 号人是理想主义和完美主义者，有明显的不安分和改革者特征。他们有高标准的理想世界，并以这高标准尺度来衡量这个世界，落差出来了，差距发现了，改革创造的愿望和方向便由此产生。为了把世界改造得更完美，1 号人往往会以批判、教育、灌输，甚至煽情鼓动等方式，来唤醒更多的人参与改革和投身革命。孔子为改革奔走一生，梁启超为改革呐喊一生。因此，在人格修炼方面，1 号人突出的一点是用高标准高要求严格律己。他们内心十分害怕犯错，十分担心自己会变坏变丑，所以特别自律，对自身的培育和修身特别重视，往往压抑自己。比如孔子，他连饮食起居也一丝不苟——坐席放得不正不坐，吃饭时不讲话，睡前不聊天，在车内也坐得端端正正。也许是正能量的书读得多了，徐飞身上有浓厚的君子之风。他诚信，踏实，谦虚，热情，亲和，做事追求井井有条的秩序。当然，在改革创造方面，徐飞仍大有可为。

当然，我最欣赏的还是他的书生情怀！

高万祥

2016 年 5 月 12 日

和徐飞一起读书

徐飞是我非常喜欢的年轻教师。

喜欢徐飞，因为徐飞是个读书人，是一个由内而外的读书人。白净的皮肤，优雅的谈吐，平和的举止，淡定的气质，怎么看都是个读书人，身上没有一点躁气，更没有一点戾气。尤其让人喜欢的是，他读了很多书，却从不摆在脸上和嘴上，也从不显出拒人于千里之外的清高与脱俗。《论语·雍也》说："质胜文则野，文胜质则史。文质彬彬，然后君子。"徐飞是典型的"文质彬彬"。徐飞也是农村长大的孩子，但身上全然看不到一点农村孩子的野气。不像我，离开农村好几十年了，一看就知道是个农民，始终去不了农民的习气。大概人都是自己缺少什么就特别喜欢什么。因为自己读书太少，尤其是该读书的时候没有好好读书，身上最缺少的就是读书人的气质和修养。所以我特别崇敬读书多的长者和朋友，也特别喜欢爱读书且读书多的年轻人。

要成为读书人，只有读书。读书人的气质完全是一种内在的修养。这样的气质，就像女人的身子，是要慢慢调养的。急躁不得，别人也帮助不了，甚至依靠吃药也是不行的。论文可以别人写，公开课可以有导演，当官可以走后门，评特级可以有水货，但修炼读书人的气质，谁也帮不了。读书只有靠自己，一本一本地读，一天一天地读。

徐飞自小就有爱读书的习惯，做了语文教师，用力更勤。家里的藏书颇丰，据说有七八千册，书橱占了不止一个房间，可以说是真正的汗牛充栋。想想自己连一个纯粹的书房也没有，真是十分汗颜。我们都知道，现在语文教师的日子过得很不容易。任务有多重，压力有多大，工作有多累，是局外人难以想象的。王开东老师写过一篇长文《中国教师到了最危险的时候》。如果说高中语文教师是教师群体中最累的群体，恐怕大多数人没有异议。在沉重的高考压力之下，在繁重的工作之余，徐飞老师却能始终坚持读书。我没有问过他每年读过多少书，就我的了解，不会少于几十本。不是真爱读书的人，又怎么能够做到？我们单从这本书的目录就可以看出徐飞读书之广。可以想见，这么厚厚的一本读书心得，是读了很多书才会有的积淀。

徐飞不仅爱读书，而且会读书。他很善于发现和利用读书的时间，他还有自己比较系统的读书方法。《主题阅读：专业发展的快车道》告诉我们：出于专业发展目的的读书要有专题意识；《过一种平衡的读书生活》告诉我们：读书的平衡艺术，体现在读物的选择上，体现在泛读和精读的结合上，更体现在入与出之间。他告诫我们："一个人过度沉迷于书的世界，入之太深而不能打通书与生活的通道，是有很大危险的。"不是真正读书的人绝不会有这样深切的认识。他还建议我们，读书要与表述相结合，打通读书的任督二脉，要将数书同读与一书重读结合，要读点打底子的书，要培养自己的阅读信仰。这些都是在读书中形成的读书经验。在书中，他还告诉我们语文教师应该如何培养自己专业阅读的眼光。在《练好解读文本这门内功》中，他对语文教师的读书提出了三条建议：（1）在语言实践中历练通文；（2）在研究范例中对照参悟；（3）在借鉴理论时习得方法。称此为读书"三昧"大概是可以的。真的这样去读，学会读书是不难的，读书有得也是必然的。

徐飞不仅自己读书，而且还带着别人读书。

作为语文教师，读书自然是为了教书，自然是为了教学生读书。凡了解徐飞的人都知道，他教的学生语文成绩好。这也是我喜欢徐飞的一个原因。他从不尚空谈，从不脱离实际，深知让学生语文高考成绩不差是语文教师的基本责任，让学生爱读书是语文教师的重要使命。我们也看到一些年轻语文教师，才气横溢，自视甚高，但常常夸夸其谈，好高骛远。有的书的确读得不少，有的文章的确写得漂亮，但学生却不爱读书，学生常常写不好作文，考试成绩一般甚至很差。他们或者诅咒升学教育、应试教育，或者责怪学生天赋太差，或者迁怒于数理化作业太多，或者指责教材和高考试卷质量不行。从语文教师角色的角度看，我们并不认同这些爱读书会写作的才子和才女们的说法。相比之下，徐飞老师就显得难得。他任教的班级，考试成绩总是非常优秀。我看过他学生的不少习作，从文章中常常能看到读书的痕迹，也可以从学生作文中看到徐飞的影响。"以文化人"是徐飞的育人理念。为"以文化人"，读书是最重要的途径。我知道徐飞用自己的读书带动学生读书有许多办法。《激发孩子自由阅读的兴趣》就介绍了他的具体做法。多提供学生与好书亲近的机会，多提供学生自由阅读的时间，多提供自由阅读的分享平台，教师对学生的自由阅读进行有效指导，树立学生中读书的典范，都是他的成功经验。

徐飞不仅带着学生读书，而且还带着许多同事和朋友读书。他做了苏州工业园区高中语文教研员之后，就牵头成立了玖玖雅集园区教师书友会。书友会以"为学生读书，让读书作用于教育教学生活，服务于学生发展的需要；为自己读书，让读书带来单纯、丰富和安静的精神生活"为宗旨。玖玖雅集，每月组织一次活动，提倡阅读教育经典与文学经典，提倡专读一人、一书的定点式阅读，尤其提倡研读名师，自我成长。我曾经参加过他们的一次雅集活动。地址在观前街一个闹中取静的慢书房里，淡淡的灯光下，高高低低的书架上都是书，参差坐着站着的是一二十个爱读书的年轻人，当然主要是语文教师。这是纯粹的民间活动，来去自由，但大家都很准时，也没有人中途离开。大家分享读书体会，畅谈读书心得，有的干脆就捧着书朗读起来。在当今时代，那样的情景实在是难得一见的风景，显得很纯粹也很醉人。他们的读书会还有一份自己的刊物，叫《玖玖雅集》，也是徐飞在主编。栏目非常丰富，不少文章很有质量，品质真的很好。两年来，老师们撰写读书随笔近百篇，公开发表十多篇。2014 年，徐飞被评为中国教育报年度推动读书十大人物。

近几年来，徐飞也带着我读了不少书。在读书方面，我对自己是一直不满意的。不仅没有读书的底子，而且没有像样的读书经历。尽管工作以后并不偷懒，但基本是为了教学和教研而读，都是为了具体的任务和具体的目的。我曾经写过文章表达对自己读书生活的不满和对读书生活的向往。让我高兴的是，和徐飞结识之后，他常常有意无意地改变我的读书习惯。他读了什么书，觉得不错，就会告诉我；读书有了心得，也会和我分享。受其影响，我读书比以前多起来了，尤其是计划外的书读得多了，没有具体目的的书读得多了。

在我们家乡，教师就被叫教书先生。可见，教书就是教人读书，教书人就应该是读书人，语文教师要读书更是天经地义的事。对于语文教师来说，最好的备课就是读书。一位大学教授说：不读书的教师教不读书的学生，不写文章的教师教不写文章的学生，是语文教学最大的问题。话虽有点尖刻，但不是没有道理。虽然语文教师不读书有很多原因，但这句话还是一直刺激着我。学生只做题目是学不好语文的，教师只讲题目是教不好语文的。对于这一点，徐飞老师的认识是清醒的。所以他带着学生读书，也带着教师读书。教师爱读书了，学生才会爱读书。一代一代学生爱读书了，我们的民族才会有爱读书的习惯。从这个意义讲，教师爱读书不仅仅是为了教师更像个教书先生，也不仅仅是为了学生的语文素养更好，而是改变我们的社会风气，优化我们民族的血统，提升我们中国人气质和形象的大事。看来，为了自己，为了学生，为了民族的未来，我们必须喜欢读书。

让我们一起读书吧。

黄厚江

丙申暮春于姑苏

第一辑

阅读成全自己

读书可以一步步去除遮蔽与狭隘，
让我们遇见越来越好的自己。
从这个意义上说，
读书是一种人道主义行为，
是自我教育、自我成全的最佳方式。

做一个气象万千的读书人

曾有老师问窦桂梅："你怎么总是如此精神？"窦桂梅骄傲地介绍起自己的美容经验——读书，诚然，读书虽不能改变人生的物象，但可以改变人生的气象。

我很喜欢"气象"这个词，大气而不俗。那么，何谓"气象"？

台湾林谷芳先生的表述深契我心，他在《学问，惟在气象》一文中这样说："气象是眼界、是格局、是丘壑，但较诸于此，它更有一番吞吐，可以周弥六合，可以退藏于密，无论横说竖说，总有一番气度、一番生机。"林谷芳先生用"气象万千，富贵逼人"八字评价张大千的画，因为张大千的画有一种大气象，所以即使画仕女、画钩金荷花，却无半点俗气，反自成一派风光。

冯友兰当年在北大读书，第一次去办公室见校长蔡元培，回来后用"光华霁月"四字来形容当时在现场的感受，说那是一个浑身充满光辉的人物，由于这个人的存在，整间办公室都被照亮了。冯友兰的确是眼光独具，他分明感受到蔡元培身上的万千气象。

的确如窦桂梅老师所讲，读书可以改变人生的精神气象。三毛说："读书多了，容颜自然改变。"的确如此，读书可以改变一个人的精神面相。我曾在讲座中展示过四张读书人的脸，他们是林语堂、南怀瑾、刘再复和薛仁明。这四张脸尽管相貌不一，但有着很鲜明的共同点，那就是喜悦和乐，仁慈友善，让人见之亲切。一个人的精神面相容易受到与他经常往来的人或物的影响，一个经常读书的人与一个经常炒股的人的相貌，长期下去会不一样。炒股的人关注的是外在的股票行情，心随物动而不能自已，内心易生躁郁而常常流于脸上；读书人则不一样，读书人有两个世界，他可以从周围的现实世界抽身而出，进入另一个精神世界，与圣人贤者作精神交流。炒股者的身上难免会沾染铜臭，而读书人的身上自有一袭书香。

读书人该有怎样的气象呢？我曾在班刊《读书人》创刊词中这样写：

读——书——人，三字轻抿出口，一脉书香飘溢开来。

读书人的枕边从不缺书，三更的梦里有山有水。读书人，喜欢静坐在咖啡厅的角落，在一个人的世界里沉醉忘返。读书人，从容淡定，胸中冰雪无瑕；读书人，也会忧愤难眠，为着遥远的人和事。

读书人，世故而又天真，常常悲观但从不失望，能从最黑的深渊里看见星光。

一个气象万千的读书人，不拘泥于个人习见，不执著于一己私念，而是将生命打开，向一本本好书打开，向丰富多彩的生活打开，善于吞吐吸纳，如此才有一种开阔的气度。李希贵校长就是这样一位有着大气象的读书人，从语文教师、班主任做到一校之长，从教委主任到教育局局长、国家督学，他的人生汪洋恣肆，大气磅礴。他坦言："我的经验大部分来自别人的书里"，"要想有效地反思，不读书是不可能的"，"我真正的教育人生是从读书开始的"。他读陶行知、苏霍姆林斯基的著作，读日本教育学者佐藤学的《静悄悄的革命》、佐藤已夫的《教学原理》，读罗素的《教育与美好生活》、马斯洛的《自我实现的人》、克里希那穆提的《人生中不可不想的事》、埃德蒙·金的《别国的学校与我们的学校——今日比较教育》等。除这些教育类书籍外，他还读现代企业管理类专著，如彼得·德鲁克的《卓有成效的管理者》、曼昆的《经济学原理》、松下幸之助的《经营人生的智慧》、玛丽·凯的《掌握人性的管理》等。如此，广采博取，读而化之，让他成为卓尔不群的教育专家。

读书是一场伟大而漫长的"造心"工程，读书让心灵变得丰富、细腻而高贵。印度的诗人泰戈尔说过一句话："如果我小时候没有听过童话故事，没有读过《一千零一夜》和《鲁滨孙漂流记》，远处的河岸和对岸辽阔的田野景色就不会如此使我感动，世界对我就不会这样富有魅力。"读书通过影响心灵而让生命的存在变得丰富而深刻。

一个气象万千的读书人一定有着大格局、大气度。我曾在陶继新老师身上领略过这种大气象。第一次见到陶继新老师是在第四届名家人文教育高端论坛暨名师课堂研讨会上，他为大家做讲座《读〈论语〉，学做人》，两个半小时，他就那样山一般地立于舞台，不用 PPT，更不看讲稿，纯然口头演讲。至今好多年过去了，他讲了什么，我几乎全然忘却，但他玉树临风般的姿态、不疾不徐的语调，还有坚定清澈的眼神，都清晰地印在我心里。私下里与陶老师短短交流了几句，感觉春风盎然，满目青山。后经高万祥老师介绍，我才得知陶继新老师 49 岁开始背《论语》，50 岁开始背《道德经》《金刚经》《心经》，61 岁开始背《周易》，在读书上狠下了一番功夫。陶老师自言，他的学习方法简言之曰"上天入地"：上天，即读原典，此为"天书"；入地，即接地气，即使退休之后，他的日程依旧被排得满满的，采访、写作、演讲，几乎日无所息。这就是一种气象万千的生命状态，将小我的生命融入到伟大的事业中去。陶继新老师说："我的生命从六十岁开始辉煌！"高万祥老师在退休时也说过类似的话："下半场即将开始！"他们恰如千年榕树，老而弥壮，生机无限。

反过来说，不读书的生命犹如一小塘池水，虽然最初也算清澈可鉴，但由于缺少了活水，这一池水逐渐沦为死水，水草乱长，杂物漂浮，继而泛出臭味，人们只能掩鼻而过。不读书的生命，会走向局促、狭窄、浅薄，固守于经验形成的圈套而不可自拔，精神开始萎顿，灵魂也变得鬼鬼祟祟，整个人望之令人生厌。

作为教师，我们应让自己成为学生的审美对象，这就需要我们成为精神上气象万千的人，不蝇营于小利，不短视于眼前，而读书就是最好的修炼方式。

　　让我们都去做气象万千的读书人！

读书带来优雅和高贵

我不是一个喜欢锐利东西的人，对刺猬之类的动物素无好感，而《刺猬的优雅》这部电影于我却是例外。准确地说，我是被一句话给击中的。

那年夏天的晚上，看法国电影《刺猬的优雅》，小女孩帕洛玛说："米歇尔太太让我想起刺猬，浑身是刺，防守严密，但我感觉她只是故意装得很懒散，其实内心跟刺猬一般细腻，喜欢孤独，优雅得无以复加。""刺猬"与"优雅"，毫不相干的两个词，组合在一起却产生了一种奇妙的意味。

这部电影改编自妙莉叶·芭贝里的小说《刺猬的优雅》，这部小说2008年出版，连续三十周在亚马逊网站销售排行榜上，销售量已超过一百万册。小说故事发生在巴黎高档住宅区的一幢大楼内，楼里住着国会议员、外交官、律师等上层人士，而小说主人公——米歇尔太太，只是这幢大楼的门房。门房，即公寓的看门人，地位低下。米歇尔太太年老、矮胖，相貌丑陋，再加上故意显示出的邋遢、粗鲁，很符合人们心中的门房形象。而人们果真被她的外表"骗"了，其实米歇尔太太学识渊博、酷爱读书，只要一躲到有满架书的密室，就会如饥似渴地钻研历史、哲学、政治、社会、经济等。她偏爱司汤达和托尔斯泰的作品，一不小心会冒出一两句作家名言。她对中世纪的哲学、近代康德的哲学、当代胡塞尔现象学都有所涉猎，并有自己的独特理解，她能与博士候选人就哲学问题平等对话。

读书，让一个从未上过学的老女人变得如此智慧，让一个平庸卑微的生命有了不一样的光辉。民谣歌手周云蓬说："走得再远，也是困守在自己的监狱里。只有好书，能为我们提供越狱的机会。"不读书的人，永远只能生活在一个世界里，和周围有限的一些人打交道；而读书人可以生活在两个世界里，能从容地从现实世界抽身而走，进入精神世界，与古今中外的贤人智者会晤、对谈。读不读书，会影响一个人的面相。人的脸常常有他日常所触之物、所交之人的痕迹，亲近草木者多有飘逸淡然之神采，而混迹股票市场者多有躁郁轻浮之气色。在一堆人中，读书人的脸很容易被辨认出，大多和悦喜乐，蔼然可亲。

门房工作多有闲余时间，但并不是每个门房都能将闲余时间用于读书——米歇尔太太只有一个。我遇过很多保安，他们也有闲余时间，但可惜我所见到的多为抱看小电视而目醉神迷者。有闲暇但不会用来读书，也是我们很多老师的特征。

教师工作自然很忙碌，但忙碌之外也有闲暇，周末及寒暑假就是读书的好时光。即便在日常工作中，忙碌也不能成为不读书的借口。有些老师越忙越不读书，越不读书越忙；而有些老师越忙越要读书，越读书越悠闲。这是态度迥异的相反运动，时日越久，差距越大。清人张潮说："能闲世人之所忙者，方能忙世人之所闲。"事若求全无可乐，人非看破不能闲，多一份禅悟，就会多一份对书的亲近与敬重。

《刺猬的优雅》中还有一位重要人物，就是十二岁的小女孩帕洛玛。她出生于有钱有势的贵族家庭，父亲是国会议员。但早慧的帕洛玛看透了生命的荒谬与空虚，嫌恶家人的庸俗习气，她秘密计划于十三岁生日当天自杀，并且烧掉父母的豪宅。但她在与米歇尔太太的交往中，渐渐发现"我的那些无聊的计划，只不过是无忧无虑生活的奢侈，只不过是一个富家小姐觉得好玩、觉得有趣的理性想法罢了"，她振作起来，直面人生，开始探询生命的积极意义。帕洛玛在米歇尔太太的影响下挽回了性命，而米歇尔太太最终却因为救一位乞丐而丧失了性命（为了从马路上拉回喝醉酒的乞丐，米歇尔太太被一辆货车撞上，当场死去）。

主动选择的死亡，会让一个生命在刹那间透亮。矮胖丑陋的米歇尔太太在一圈圣洁的光辉中，被轻轻托住，送往了天堂。我愿意将这场死亡视作一场预谋，而策划者是为了让我们能透过米歇尔太太的外表而触摸到她纯洁善良温热的心灵。毫无疑问，读书，让米歇尔太太的内心变得细腻而柔软、善良而仁厚。

　　想起了另一位女子，也是通过读书而让精神变得洁净，也是通过主动选择的死亡而让纯净的灵魂升入天堂。《朗读者》，一部直逼灵魂的小说。汉娜曾是纳粹集中营的女看守，文盲，心肠冷硬，但爱听朗读。陪伴一生的朗读，逐渐让她的心灵发生了变化，由粗粝而细腻，由麻木而自尊，最后她以自尽的方式完成了自我救赎。对于汉娜的死因，说法各异，而我认为，这是阅读所孕育的完整生命在其一生中所做出的唯一的自主选择！死亡，让汉娜拥有了丰富的文化意义！死亡，毁灭了汉娜但也成全了自由和自主的汉娜！

　　借助阅读，刺猬也可变得优雅迷人，拥有细腻而柔软的心。优雅与刺猬，是美丽生命的两翼。浅薄乏力的优雅，会成为美丽的空壳；而充满敌意的刺猬，刺伤别人的同时也会伤了自己。在阅读中，保持生命应有的草莽气、江湖气，独立自守，不妥协于现实，但同时又能对世界温柔相待，以悲悯的目光抚摸这个并不完美的世界。

　　我愿做一只"优雅的刺猬"，从书斋中款款走出。

读书是朝向自我的运动

怀特海认为，人的智力发展主要分为三个阶段：浪漫，精确和重归浪漫的综合。这三个阶段呈循环的特点，但不是机械旋转、线性重复，而是螺旋式上升和阶梯式攀登。回顾我不算长的读书史，大略也可分出三个阶段。

第一阶段：浪漫——满足兴趣

我出身于农民家庭，小时候并没有优越的读书条件。小人书成了饥荒岁月里孩子们的精神食粮，我是一个地道的小人书书迷。班上谁有好的小人书，我总要想方设法借来。有些小人书，封面全无，边角卷皱，甚至缺张少页，但丝毫不影响我的阅读兴致。为了购得小人书，我寻找生财之道，放学后到处挑拣蛇皮袋等杂物，然后送去废品收购站换钱。就这样，《隋唐演义》《说岳传》《杨家将》《薛仁贵征东》《薛丁山征西》《铁道游击队》《林海雪原》等走进了我的视野。童年，因有小人书的陪伴而变得缤纷。

读初中时，武侠小说成为我的最爱。假期里最喜欢去城里的亲戚家，主要原因是亲戚家附近有一家租书的小店。租书费用以天计算，为了早日还书并能读到更多的书，我没日没夜地读。《天龙八部》《神雕侠侣》《笑傲江湖》《雪山飞狐》《卧虎藏龙》《七剑下天山》《小李飞刀》……侠骨柔情，铁肩担责，英雄精神的种子留在了我的身上。

读中师及大专时，因学习压力不大，我一头扎进了文学经典的世界。《穆斯林的葬礼》《约翰·克利斯朵夫》《当代英雄》《悲惨世界》……经典帮我打开了一扇扇生命的窗户。还记得，当读到《乱世佳人》中斯嘉丽不幸小产时，我肠胃翻滚，呕吐不已。读大专后，我的阅读兴趣转向了哲学、美学。从罗素的《西方哲学史》到刘小枫的《诗化哲学》，智者的哲思让我变得沉静，并喜欢上一种丰富的孤独。最爱尼采，《快乐的科学》中有很多让我拍案称绝的句子，书上留下了我密密麻麻的圈划。

第二阶段：现实——应对工作

1998 年，我工作了，在一所农村初中教书。刚开始，我还雄心勃勃，想通过考研改变命运，但很快我就放弃了，一方面由于精力不济，另一方面我在工作上开始获得小小的成就感。

说来惭愧，这一阶段我读书甚少，甚至还干了荒唐事——我将在上学时购买的《朱光潜全集》《宗白华全集》《傅雷译文集》等一大批好书，打包捆扎，一包包地运到县城，卖给二手书店。我当时认为，这些书于我的人生、教学并无益处，我这辈子再也不会读这些书了。

这期间，我也读书，但读的都是与教育、教学紧密相关的书，我的读书变得功利而现实，而所谓的"闲书"、"杂书"则一概不读。那时候购书远不如现在方便，学校图书馆里苏霍姆林斯基的几本书成了我的案头书。1999 年，我在《班主任》杂志上发表了第一篇教育论文，就是受苏霍姆林斯基教育思想的启发而写的。在语文教学上，《中国著名特级教师教学思想录（中学语文卷）》成为我的精神向导，特级教师们的成长历程、教学智慧炽热了我的心灵。有次从书店我觅得一套"中学语文素质教育名家丛书"，如获至宝。这套丛书分八本，每本介绍一位教育名家的教育思想，如"于漪：追求综合效应"、"钱梦龙：导读的艺术"、"宁鸿彬：走'思维训练'之路"、"蔡澄清：点拨教学法"……我边学边用，比如，将张富的"跳摘"

教学模式引入课堂，通过连续追问的形式锻炼学生的思维能力与表达能力。当然，由于仅限于学习粗浅的招式，并没有系统领悟教育思想，虽然"偷"来的一招半式偶尔也能发挥作用，但仍处于盲人骑瞎马的胡乱摸索状态。

第三阶段：综合——成全自己

2007年，我来苏州工作。刚到苏大附中，我惊奇地发现，附中的老师，不仅是语文老师，其他学科老师的桌上也有《论语》《德兰修女传》等书。那是时任苏大附中的高万祥校长发给全校教师的。高校长倡导教师读书，而且身体力行，在他的感召下，苏大附中出现了一些爱读书的老师。但是，当时我带高三，志在"分"，而不在书，偶或读书也是浅尝辄止。

2010年，我终于从连续奋战的高三回到高一，就像出了一趟远门的人回到熟悉的家一样，我特别珍惜这段光阴。我产生了强烈的阅读饥渴感，遂办理了苏州市图书馆、独墅湖图书馆、苏州大学图书馆的借阅证，这些图书馆和市里的几家书店成了我周末的消遣处。此外，我开始了购书运动，甚至有些不加节制，仅2010年的购书款就超过了一万元。最重要的，我的读书口味发生了改变，不再限于教育、教学类书籍，我重新关注起人文、社科类书籍，以前卖出去的好多旧书又被我重新买回。哲学、美学、社会学、管理学、心理学、禅学，小说、诗歌、随笔、札记、史籍、人物传记、博物日志，凡能激起我阅读兴趣的，我都如水蛭般扑上去吮吸。

2012年暑假开始，我从书柜里挑了五十多本书带回老家读。暑假里，我读得昏天黑地，但也只读了二十多本：《哲学与人生》（傅佩荣）、《通往奴役之路》（哈耶克）、《哈耶克自由哲学》《开放社会及其敌人》（卡尔·波普尔）、《尼采：在世纪的转折点上》（周国平）、《快乐的科学》（尼采）、《尼采生存哲学》、《火与冰》《我的梦想在燃烧》《铁屋中呐喊》（余杰）、《半生为人》（徐晓）、《九三年》（雨果）、《钱理群中学讲鲁迅》、《民主的细节》（刘瑜）、《追随勇敢的心》（王开岭）、《赫逊河畔谈中国历史》（黄仁宇）、

《伟大作品的隐秘结构》（余秋雨）、《双重火焰》（赵柏田）、《如何阅读一本书》（艾德勒）、《朗读手册》（吉姆）。我读书有个特点，就是要做读书笔记，这二十多本书读下来，我做了五万多字的读书笔记。

我现在读书已不再追求数量，而是强调质量，在乎这本书能否参与我的精神构造。我对读书的这一理解符合新教育实验所倡导的"知性阅读"的理念。"知性阅读"提倡教师阅读根本性书籍，反复咀嚼，将书中有价值的东西吸纳，内化为自己的结构。

读书其实是一项缓慢的工程，并无捷径可走。知性阅读不同于最初的感性阅读，它起于兴趣而终于志趣，让读书作用于教育生活；它又不同于功利阅读，它追求结果而不只为结果。没有前两个阶段的阅读体验，知性阅读的自由之境也无法实现。

读书可以一步步去除遮蔽与狭隘，让我们遇见越来越好的自己。朝一本本书走去，其实正是朝着本然的自我走去。

读书，一场破冰之旅

卡夫卡说："书必须是用来凿破人们心中冰封海洋的一把斧子。"此语信然，读书，应该成为一场破冰之旅。在读书的过程中，一点点凿破自私、狭隘、庸俗、冷漠、陈旧、呆滞、局限……随之一个明净的、流动的水面逐渐清晰地呈现出来。

读书，一场破冰之旅。

曹文轩曾讲过一个故事：一户人家，很穷，有两个儿子。老大为了减轻家里的负担，主动放弃了读书的机会，开始到处打工。几年过去了，在大儿子的努力下，家境慢慢好转，二儿子有钱上学了。又过了若干年，大儿子还是一如既往地打工挣钱，二儿子继续读书。后来，有人对这兄弟俩进行了一个科学测试，发现哥哥的大脑是不完善的，而弟弟的大脑则要完善得多。从这个故事中，曹文轩得出一个观点：阅读，从根本上讲，是一种人道主义行为。这个结论很深刻，我们可以想象，读书一点点凿破二儿子大脑中原有的闭塞、僵化和落后，将从他愚昧状态中解救出来。

"书必须是用来凿破人们心中冰封海洋的一把斧子。"卡夫卡的这句话原是强调书必须具有思想的力量。在我看来，世上的书可分两种：有力量的书和没有力量的书。有力量的书蕴含着摧毁一切的能量，正如《我们》的作者扎米亚京所说："有些书具有炸药一样的化学构造。唯一不同的是，一块炸药只爆炸一次，而一本书则爆炸上千次。"这类书具有危险性，可以改变甚至颠覆个人的观念。我有幸读过几本这样的书。

2008年，我担任高三班主任，带年级成绩最差的班级。高三下学期，学校领导召开高三班主任会议，告诉大家全省有两家高校可以提前单招，考上的学生可以不用参加高考，这可以让学习困难生合理"分流"。我当时非常兴奋，在班上尽力动员，还按成绩排名从倒数第一名开始逐个谈话，终于有四位学生答应报名。两周左右后我才得知，在苏大附中的贴吧里，我被某些学生尽情辱骂。我极度郁闷，甚至失眠，恼恨学生的无情，与一些学生产生了对立情绪，强打精神将这班学生送到高考，以后与这班学生再也不见。这是我工作以来最失败的事，我也元气大伤，始终无法去除心中的阴影。这种低迷的状态，一直到我遇到弗洛姆《爱的艺术》这本书才算真正结束。书中有这段文字：

关心、责任心、尊重和认识是相互依赖的……人们只有认识对方，了解对方才能尊重对方。如果不以了解为基础，关心和责任都会是盲目的，而如果不是从关怀的角度出发去了解对方，这种了解也是无益的。……我只有用他人的眼光看待他人，而把自己的兴趣退居二位，我才能了解对方。

爱是以了解为基础的，我反思这次受辱事件，其实原因在我而不在学生。我刚到苏大附中工作，对班里的学生不太了解，他们的学习动力大多不强，有大学上就行，而且他们知道高考后会有更多的选择机会，他们觉得中途离开班级是一件很没面子的事。但是我当时并没有站在他们的角度考虑，只是从我的角度希望减少分母以提高班均分，换言之，我缺少对他们真正的爱。弗洛姆的这段话，逼我正视自己的育人观念，也化解了我心中瘀结的隐痛。

王强有本书，书名为《读书毁了我》，这个书名是徐晓送给他的。这是一个极有内涵的句子，读书就是不断摧毁旧我的过程，尤其是读那些有力量的书，能使我们从桎梏中一点点挣脱出来，虽然有时会无比痛苦，但也有着一点点觉醒的欣喜。人活着，难免会生活在自己编织的茧子里，一点点撕开茧子，让光亮慢慢照进来，生命也逐渐走向圆融通透。

我越来越喜欢读与正统观念相冲突的一类书，如《学校会伤人》《教育是没有用的》《上学真的有用吗》《夏山学校》等。这类书帮助我从另一个视角重新审视我们当前的教育，理性而冷静地反思现状。比如《学校会伤人》中说"学校是精心设计用以区别和分流人的"、"学校造成的伤害往往是无形的"、"教师应接受孩子的本来面貌，而不是教师所希望成为的样子"……这些观念可能会对原有的学校文化形成冒犯和冲撞，但吸纳其合理处更利于建设积极的学校生态文化。

除此以外，我还喜欢读有野性的书。我自小到大一直是个乖乖学生，但逐渐发现自己容易按部就班，创造精神不够。康德指出，启蒙就是人类摆脱自我招致的不成熟。读书于我，就是不断进行的启蒙运动，它帮助我一点点挤出身上的平庸、浅薄和驯良。读有野气的书，我的思想开始不安分，随时准备越狱而逃。索尔仁尼琴、奥威尔、布罗茨基、木心、陈丹青、柏杨、钱理群……他们的很多文字让我感受到草莽气、乡野气，如见惯了小桥流水，猛然见到大漠孤烟，有一种视觉和灵魂深处的大冲击。且看陈丹青的书名《退步集》，这三个字就来者不善，几乎人人都想着"进步"，而陈丹青却独独标榜"退步"，真是大不合时宜。陈丹青的"不合时宜"真是太多，而他的这份独立不阿的个性与他的老师木心有关。读木心的文字，我常有五脏六腑被洞穿的感觉。木心身上有一种睥睨江湖的野气和霸气，他一张口，也许你辛苦修来的"成果"就会被无情摧毁。我们来看他的一段文字：

"三言"、"两拍"属于、限于民间社会，士大夫阶层不关心，以为不登大雅之堂。也许幸亏不被关心，所以这些短篇小说自有民间的活气，从中可见那时代的风俗习惯、生活情调。我很有耐心看这类书，好比吃带壳的花生、毛豆，吃田螺、螃蟹，品赏大地的滋味、河泊的滋味。人要看点坏书。歌德教人去看坏戏，说是看了坏戏，才知好戏的好。

这是典型的木心的语气与口吻，没有刻板教条，没有阳春白雪，而是带着"民间的活气"和"大地的滋味"，却有着一种熨帖人心的力量。

品读这样的文字，你会感觉到内心的冰湖正在一点点破裂……

研读名师，发展自己

1997 年春，在著名特级教师胡明道老师的教学艺术研讨会上，余映潮老师作了一个长达两小时的发言，话题是"胡明道老师教学生动的艺术"。发言结束后，胡老师问余老师："余映潮，你讲话的这些资料是从哪儿来的呀？"余老师说："我有专门研究您的卡片呢！"并给胡老师开了一个长长的"书单"，上面有胡老师四十多篇文章的目录及出处——这份目录，连胡老师自己都没有。

余映潮老师能成为中语界的巍巍高山，与他对名师的研读是分不开的。他曾坚持数年，研究过中学语文界非常多的名师。在《语文教师实用研究技法：名师研究法》这篇文章中，余老师这样写道：

很多年前，我不仅有研究胡明道老师的专题目录卡片，还有于漪、钱梦龙、魏书生、宁鸿彬的专题目录卡片，还有对张建华、章熊、黎见明、洪镇涛、徐振维、陈钟梁、蔡澄清、陆继椿、鲁宝元等名师的研究纪录。特别是上世纪 80 年代上海的一批名师，可以说是被我"尽收眼底"，即使是上海本地的老师也没有像这样研究过他们。在我的读书卡片上至今还有他们的名字：沈蘅仲、何以聪、鲍志伸、周其敏、陈亚仁、戴德英、卢元、钱蓉芬、俞达珍、何念慈、潘鸿新、方仁工、吴侃、陆军、火观民、梁康华、金志浩、杨墨秋、邵愈强、朱乾坤、过传忠、冯志贤、董金明、居志良……在我的心目中，这是何等雄奇壮丽的队伍啊；在我的心目中，这是何等才华横溢的队伍啊！

这是何等才华横溢的队伍啊！这是何等广采博取的韧劲啊！读了这一长串名单后，你便不难发现余映潮老师取得丰硕成果的原因了。

一位老师发现他最喜爱的名师、专家，是他专业发展上的关键事件。世间的确有一些人的心灵尺码是相似的，我们应从众多的老师中去寻找最适合自己的那位。小语名师管建刚老师好几年前去新华书店，无意中看到潘新和的《语文：表现与存在》，随手一翻，那里面的理论与管老师的实践不谋而合，于是管老师迫不及待地买下这本百万字的巨著。回家认真研读后，更是激动不已，打听到潘新和教授的邮箱后，给潘教授写了一封长信，讨教一些问题，不久就收到回信。一来二往，两人渐渐熟识，管建刚对潘新和的学术观点领会更深，将之借鉴到小语教学中来，开展了影响广泛的作文教学革命。

研读名师，可以研读他们的成长经历。语文出版社曾出过"名师讲语文"丛书，收录了胡明道、余映潮、黄厚江、李卫东、李海林、邓彤、蔡明、王君等名师的文章，一师一书，每本书分"我的语文人生"、"我的语文理念"、"我的语文实践"和"我的教学语录"四部分。我从中买了几本自己特别喜爱的名师的书，特别喜欢读"我的语文人生"这一部分。读这些名师的成长故事，我被名师们锲而不舍的追求打动，被他们专注投入的精神感染，这也激发了我专业求索的热情与勇气。

研读名师，要去研究他们的课堂教学。名师的课堂集中体现了他们的教学理念、教学智慧，研读名师的课堂是提升自己课堂教学水平的快捷通道。研读名师课堂，可以从环节设计、层次展开、点评引导、课堂生成等角度分析探究。研读名师课堂，可以丰富自己的课堂教学经验。"操千曲而后晓声，观千剑而后识器"，大量研读名师课堂，可以积累经典课例，进而摸索、领悟到好课的要素。我研读《钱梦龙经典课例品读》一书，被钱梦龙老师一个个精彩的课例折服，认真体味、思索导读法的奥秘，总结钱老在教学设计、课堂提问、点拨引领等方面高超的智慧，深受启发。

研读名师，肯定要去研读他们的教育论著。教育论著虽然比较理论化，可能激发不起很多老师阅读的兴趣，但教育论著里有名师的教育思想、教育理念。研读教育论著，能帮助我们系统而深入地理解名师的思想与智慧。研读名师的教育论著，一定要进行摘录或评述，这样才能更深刻地领会其思想精髓。《语文的原点》一书，较为系统地阐述了黄厚江老师的语文教育思想和教学策略，我在深入研读之后，写下《语文，从这里出发》这篇评论性文章。在写作过程中，我对本色语文的主张与实践有了更深的认识。

了解名师的成长经历，品析名师的课堂教学，研读名师的教育论著，就是不断丰富自己和提升自己的过程。研读名师，不必求多求全，在初始阶段，你可以只研读一位名师。认准这一位名师后，将能找到的所有他的著作、文章、视频及评论他的文章都搜集起来，花一段时间加以集中研究。待将这位名师的精髓充分吸收以后，如果你还有强大的胃口，可以再选择一位名师加以研读。当有了两三位名师的教学思想打底子后，你的教学境界与之前相比就不可同日而语了。

研读名师，最忌简单模仿、盲目追随。齐白石说："学我者生，似我者死。"意思是说，向我学习的人可能会成功，但只知道一味地模仿而不懂得创新就一定会失败。对于名师的教学经验与智慧，我们不仅要学其形，更要学其神，最重要的是，要将其转化为自己的教学智慧。正如苏霍姆林斯基所说，"创造性地借鉴经验，就是在发展自己的教育思想，也是在形成自己的教育信念"。研读名师，是为了发展自己。即使是名师，也终归会有或多或少的不足，我们在研读名师的时候，应放出眼光，自己来拿，将名师的智慧与自己的实践结合起来，进而逐步形成自己的教学风格、教学主张。

为学生读书，为自己读书

　　孔子说："古之学者为己，今之学者为人。""为人者凭誉以显扬，为己者因心以会道。"（范晔《后汉书·桓荣传论》）可见孔子时代的学者已经不是为了充盈自己而学习，而是希望通过学习获得名利。

　　对于求学的目的，孔子主张"为己"，反对"为人"。"为人"，是将求学的目的寄托于外物；而"为己"，是将求学与内在联系起来。孔子所说的"为人"，带有功利意图，的确不值得提倡，但如果求学仅仅"为己"而不考虑"为人"，那么求学的意义、价值何在？求学不仅应"为己"，还应"为人"，抛开名利之心，造福他人、造福社会。

　　读书也是如此，玖玖雅集的宗旨是"为学生读书，为自己读书"。我们提倡：为学生读书，让读书作用于教育生活，服务于学生发展的需要；为自己读书，让读书带来单纯丰富和幸福的精神生活。

　　为学生读书，就要去读教育、教学类的好书，让读书提升自己的教育情怀与教学智慧。

　　关于教育类的好书，有这些值得一读：《理想国》（柏拉图）、《爱弥儿》（卢梭）、《民主主义与教育》（杜威）、《给教师的建议》（苏霍姆林斯基）、《教学勇气——漫步老师心灵》（帕克·帕尔默）、《学习的快乐——走向对话》（佐藤学）、《教育的目的》（怀特海）、《教育就是解放心灵》（克里希那穆提）、《第 56 号教室的奇迹》（雷夫·艾斯奎斯）、《唤醒孩子心中沉睡的巨人》（孙云晓）……

在读这些书的时候，我时常反思自己的教育。比如，我在卢梭的《爱弥儿》一书中读到这段论述："自然并不性急，它只慢慢前进。比如，一只鸟儿并不把它的卵放在火上，去使它们快些孵化出来，而让它们在自然温度的影响下慢慢发展。后来它也不用食物填小鸟，去使它们快些长大，而是小心地为它们选择食物，按照它们脆弱的消化力所能支持的分量慢慢地给它们。"因这段话，我就反思自己在教育过程中的急功近利，总是急于求成，不愿等待，只盯着眼前看得见的成绩去努力，而没有考虑孩子长远的发展。

在语文教学上，以下这些好书给了我智慧与力量:《中国著名特级教师教学思想录·中学语文卷》（刘国正编）、《中国语文人》（张蕾、林雨风编）、《名家六十讲：语文课上的文学》（钱理群等）、《名作细读》（孙绍振）、《阅读教学设计的要诀》（王荣生）、《钱梦龙经典课例品读》（钱梦龙）、《余映潮语文教学设计技法80讲》（余映潮）、《语文：表现与存在》（潘新和）、《语文课堂寻真》（黄厚江）、《教学生活得像个"人"》（黄玉峰）、《我即语文》（陈日亮）、《王栋生作文教学笔记》（王栋生）……

为学生读书，还要读写学生的书和学生写的书，在读书中走进学生的精神世界。

李镇西老师曾给老师们推荐四类读物：第一，教育报刊，比如《中国教育报》《中国教师报》《人民教育》《教师博览》等，以便随时了解全国的教育同行在想什么和做什么。第二，教育经典，如《陶行知教育文集》《育人三部曲》《给教师的建议》《帕夫雷什中学》等。第三，写学生的书和学生写的书，如杨红樱的书、秦文君的书、曹文轩的书，还有韩寒的书。第四，人文书籍，让老师们有一种开阔的人文视野。

至于为什么要推荐"写学生的书和学生写的书"，李老师的解释是："读这些书的目的，是让老师们能够从文学的角度，获得一种儿童的思维，了解并走进教育对象的精神世界。"爱与尊重的前提是了解，唯有了解学生，教师才能关爱学生、尊重学生，才能与学生真正生活在同一个精神世界里。

作为语文老师，为学生读书，还要读适合学生读的书，以成为学生读书的引路人。

钱理群先生讲："教师的责任就是牵着学生的手，把他们引导到巨大的身旁，让他们与创造历史的人、与创造未来的人进行对话。教师就是这样打开学生一个文化空间。"我们语文老师应成为学生与经典好书之间的红娘，将最适合学生读的好书带到他们面前，并让他们爱上读书。这就要求我们语文老师应先于学生阅读，帮他们在古今中外的书籍海洋中挑选合适的好书。尽管目前也有不少部门、机构、学校研制出适合各个年段阅读的书籍，但我更相信，经有过阅读这本书体验的语文老师的推介，该书才更能激发起学生的阅读兴趣。在指导学生课外读书这件事上，语文老师最好的姿态就是身体力行，做学生阅读的先行者、同行者。

除为学生读书外，我们还应为自己读书。为自己读书，就是去读自己喜爱的、能充盈生命、让自身幸福的书。关怀理论大师内尔•诺丁斯说："幸福生活就是事业顺遂、良好的人际关系、有空闲时间看自己喜爱的书，以及在海滩上散步看日出与日落……"专业书可能也会成为有些老师喜爱的书，但我更愿意将"有空闲时间看自己喜爱的书"理解为"有空闲时间看自己喜爱的闲书"。读书口味不能过于单一，只看专业书，容易让自己变得狭窄，变得功利；读一点自己喜爱的闲书，可以让心灵放松，回归自己澄澈的内心世界。

我们可以将"为学生读书"理解为专业阅读，将"为自己读书"理解为非专业阅读。王栋生老师更倾向于非专业阅读："教师需要专业阅读，同样需要非专业阅读，相比而言，非专业的阅读可能更为必要。我惊讶于一些教师专业之外的一无所知，话题稍有延展，他就会不以为然地说："这和课堂教学有关么？但我不认为这是什么专业精神，反而会认为他被'工具化'了，他本来应当有一双灵巧的手，可以制造工具解决难题，但由于他太专一，结果把自己变成了一具齿轮，一把改锥，一柄铁锤，甚至连工具也不如，成为一个部件，甚至一颗螺丝钉。教师工作每天与人在一起，会遇到各种各样的情况，他怎么可能只起一种作用？而且是被动的？"王栋生老师读书很杂，更鼓励教师进行非专业阅读，具有浓浓的人文情怀。而在我看来，专业阅读与非专业阅读同样重要，两者在个人不同的阅读阶段中所占的比重可以不断调整变化：对于新教师而言，专业阅读的比例应多些；而对于教学智慧丰富的教师，则要多些非专业阅读，以提升自己的人文素养。

往深处说，为学生读书与为自己读书并不是二元对立的关系。为学生读书，其实是在完善教师的知识结构，让自己变得更优秀；为自己读书，可以不断更新自我、丰富自我、完善自我，间接地起到为学生服务的作用。教师是一门幸福的职业，因为读书——幸福的行为，就属于教师本职工作的范畴。教师读书，为生为己，乐在其中。

读书是一群人的事业

真正的读书应该是一个人的精神远征，但一个人远征，常常容易迷失方向或意志松懈。在读书的路上，有一群人相互敦促、相互补充，是一件很幸福的事。组织玖玖雅集，只是想让分散的读书种子聚合起来，形成精神气候，共读共生。每个月聚会一次，或在咖啡吧，或在慢书房，或干脆借个学校会议厅、阅览室，一二十人聚在一起，别无他想，或静静聆听或热烈讨论或动情朗诵，白天的琐事全然隐退，我们在另一个世界里亲切会晤。

好多次，我听到有老师跟我说，每次参加雅集活动后，总能精神明亮好多天，感觉眼前开阔、明净了好多。这其实也是我的感受，参加玖玖雅集，我的心情平静如江河，温暖的冬阳照在白雪皑皑的大地上。

热心的名师长者

2013 年 8 月，我调到苏州工业园区教师发展中心工作，任中学语文教研员，很幸运地与时任园区教育督导的高万祥先生在一个单位。我与他商量成立教师书友会，他非常高兴并积极筹划。2013 年 10 月 9 日晚，在左岸商业街迪欧咖啡馆 302 包厢，高万祥、陈国安、袁卫星、邵统亮、卜延中、白坤峰、罗天涛、罗宽海、严爱军、方志诚、肖璐、王婷婷、张寅玲与我共 14 人，共谈读书，雅集低调"开张"了。

取名"玖玖"，包含以下含义：其一，园区教师发展中心位于九华路 99

号，以"玖玖"命名，暗指发展教师自身。其二，99，距离100，尚有一步之遥，提醒我们保持低调谦逊，以止于至善的精神勤奋读书。其三，上古圣皇以"九九"为尊，书籍永远是人间圣物、至尊。其四，"玖玖"音同"久久"，愿友情天长地久。

玖玖雅集正式成立，高老师给我发来一条300多字的短信："玖玖雅集，久久相知相聚相守。雅集之雅，因世俗之俗而来。书之雅，人之雅，更是思想精神人生性情之雅。没有俗气，没有市侩，没有功利，没有短视肤浅，没有为五斗米折腰低眉侍应试之怯懦。雅集之集，不啻聚集、聚会，更是心灵碰撞，精神交流，良知集结，友谊凝聚，教育峰会，生活和人性的博览。雅集因教育生成，因读书聚缘。你是土著，我是移民。山东人山西人，河南人河北人，我们都是苏州人，我们都是读书人。……因为读书，拥有了诗心诗意和大爱大恨的真性情；因为读书，拥有了圣贤精神、家国情怀和社会担当。玖玖雅集，心灵回家！"雅集最初定在每月九日晚，交流读书心得时，高老师几乎每次必到，而且主动给我们讲他的读书心得。记得有一次给我们讲和上海有关的五位名人：徐光启、马相伯、蔡元培、宋庆龄、杜月笙。故事生动，细节翔实，人物如在眼前，大家听后大呼过瘾。

除高老师外，黄玉峰、黄厚江、陈国安、袁卫星等老师都先后来雅集与大家分享他们的读书经验。他们来聊读书，没有报酬，有的只是雅集成员专注的聆听、真诚的提问，但他们毫不在意，而且聊书时格外投入尽兴。记得那次黄玉峰老师谈教师阅读足足有两小时了，我担心他劳累，影响第二天工作，便悄悄提醒，但他不加理会，仍然"拖堂"，讲得尽兴投入，让大家深刻感受到"五四青年"的激情投入。

俗语说，家中有一老，犹如捡个宝。雅集里有邵统亮、卜延中这样的老者，的确是雅集之幸。他们为雅集献计献策，有时还会提醒我注意雅集的不良倾向。老卜擅长摄影，雅集活动时，总不忘带上他的单反。玖玖雅集的很多珍贵照片，都是他的作品。他们在雅集里的读书分享，让我们年轻人感受到他们的真学问与真性情。

开放的交流平台

玖玖雅集，是一个为爱读书的老师提供交流与成长的平台。因此，我们除邀请名师过来主讲外，更多的是成员之间相互交流。每次活动，我们会安排两至三位老师主讲，或讲自己的读书经历，或介绍一两本自己喜爱的书，可做 PPT，每人发言限时 20 分钟。在主讲老师发言的时候，听者可随时插言，或在讲完之后再发表自己的看法。

读书是一种相互感发的事情，当你听一位老师在讲自己熟的那本书或那个人时，你心里会痒痒的，不吐不快。比如，有次赵源林老师讲红楼，品读《红楼梦》中的遗憾艺术，他讲完后，"红迷"郭玲玉老师竟然指出赵老师的演示文稿中删去了老祖宗的一句骂人的话——"他娘的"，并谈起《红楼梦》一书中的粗话、脏话。她的发言又引起了费婷婷的同感："红楼文字的典雅，有目共睹，但里面也杂有很多脏话。比如薛蟠的'女儿乐'。其他如茗烟之骂金荣，春燕娘之骂春燕，凤姐之骂贾蓉、骂小道士、骂平儿、骂兴儿旺儿，也都是浓盐赤酱之笔。清净女儿如鸳鸯，骂自家嫂子的那番话，也是可圈可点。就连'闲静时如姣花照水，行动处似弱柳扶风'的林妹妹，都会张口说粗话。细究之下，不难发现，红楼里的脏话，大都是出现在引号里的，也就是说，出自各色人物之口。说明这是塑造人物性格、刻画人物形象不得不有的，并非作者自逞口舌，肆意乱写。"类似这样的随意生成的观点，在雅集中屡屡出现。难怪有老师感叹，读书少的人在雅集里还真不好混。

雅集成员不断增加，有读书素养相当丰厚的"大伽"，如白坤峰老师，会读善写，已成为中国作协会员；也有在读书上刚起步的"小虾"，但大家聚到一起都是格外亲热。大家的读书取向、读书方式各不相同，但这种不同恰恰成就了雅集的开放多元的文化氛围。记得有次，罗宽海和董劲老师主讲，两人读书风格不同，而这种差异给大家带来的碰撞和思考也是很强烈的。罗宽海老师喜欢哲学、历史领域的书籍，可将冯友兰、李泽厚、罗素、康德、尼采、叔本华的著作娓娓道来，还特别推荐了广西师大出版社出的一系列传记，包括陈寅恪、老舍、巴金、曹禺。罗老师重点谈了阅读沈从文的体会，并将自己的阅读体验分为三个阶段。第一阶段是"读沈从文的人生故事"，熟悉作家生平经历；第二阶段是研读凌宇的《沈从文研究》，感受这是一位"伟大的作家"；第三阶段是发现沈从文走了中国读书人除了出仕、归隐之外的第三条路——毕生致力于学问与艺术，且走得彻底、坚决、永不回头。董劲老师的阅读体验则多了女性特有的柔软与知性美，她说自己"有关政治的不读、激奋的不读、抨击的不读"，而关于生命的书籍是自己阅读的重点。董老师首先分享了自己关于《相约星期二》的阅读感受。这本经典书籍曾深深打动很多人的心灵，董老师结合自己的生活体验谈了两点：对于死亡的认知、如何建立属于自己的文化。动情之处，泪光闪闪，我们在心里记下了董老师的话——活着就两件事：相爱或死亡。两位老师，一位理性一位感性，一位冷静一位动情，一位分析一位体悟，各有其妙，给大家生动地呈现了两种不同的读书姿态。

主讲之后，雅集还安排了同读一书的交流环节。围绕近期同读的好书，大家发表各自的阅读收获。这一环节又是见仁见智，精彩纷呈。除主讲与共读交流外，雅集还新增了"为你朗读"这一环节，由老师自愿朗诵自己喜爱的或自己创作的诗文，可配乐也可配图。读书，就是身临其境的感受、体验。大家发现，读书还有一种姿态——出声朗读。

雅集活动方式灵活多变，不加固定；雅集成员进退自由，并不限制。我们相信，只有当读书发自个人内需去读书时，读书交流才会变得开放而多元，这家读书俱乐部才会逐渐成为大家的精神依赖。

适宜的风土气候

很庆幸，玖玖雅集生于苏州工业园区。

玖玖雅集的聚会时间原定为每月九日晚，后经大家提议，改为每月第一周的周五晚。读书交流应该处于自然放松的状态，我们逐渐发现了一些适合雅集聚会的好地方：观前街的慢书房、老城墙根的"众智云集"咖啡吧、园区科技园的 Nice Start Cafe……这些地方有书有茶有咖啡，灯光柔和，环境雅致，的确是读书交流的好场所。

玖玖雅集原本只是民间组织，经费自筹，影响却在逐渐扩大，园区教育局政宣处处长高静波，还有部分学校的副校长、中层干部也参与进来。园区教育工会有意将玖玖雅集吸纳为园区教工社团，玖玖雅集接受了"招安"。不过，面临的难题是报名人数较多，若按以往的运行方式会有困难，除非设立分会。此为后话，按下不表。

且说，在玖玖雅集两周年之际，我们想把一路花雨转化为文字成果，此念得到大家的积极响应，也得到园区教育工会的经费支持。数十篇读书类文章纷沓而至，有些老师一人就发来三四篇。收入雅集的文章品质上佳，单是目录就很有吸睛力：有高手指路，也有新锐亮嗓；有专业问道，也有随性杂读；有理性思辨，也有闲情雅致；有自读自悟，也有共读一书。《玖玖雅集》的排印仿《苏州杂志》的版式，风格素雅清淡，别有韵味。

玖玖雅集还受到《教师月刊》杂志的关注，杂志为之做过专题报道。玖玖雅集是幸运的，从江湖走向庙堂，但仍以民间姿态、沙龙形式自由行走。作为园区教育工会社团之一，玖玖雅集得到园区教育局、园区教育工会的大力支持，在阳光和煦、雨露充沛的环境里享受着清凉与自在。

读书可以成为一种交往方式

2015年4月23日，第20个世界读书日，北京王府井大街上的商务印书馆，变得格外精神。中国教育报2014年度推动读书十大人物揭晓仪式暨北京市阅读能力研究发展中心成立大会，在这里举行。

商务印书馆在中国近现代文化发展史上意义重大，一进大门，就被左侧的照片墙给吸引了，上有"我们的作者"和"我们的同事"两大块照片，匆匆扫描了下"我们的同事"的名字，张元济、蔡元培、沈雁冰、叶圣陶、周建人……大家林立，倍增敬畏。想找商务印书馆创始人之一张元济先生的名言"世上数百年旧家无非积德，天下第一件好事还是读书"，可惜没有看到。

在活动开始前，抓紧机会与程翔老师、安子老师、柳文生老师、王珺主编、却咏梅编辑合影留念。

揭晓仪式暨成立大会后，听了三场微型报告，有收获。

第一场报告由人大附中翟小宁校长主讲，题目是"人生有意义的时光是在阅读觉悟爱与信仰中度过的"。翟校长讲了三句话："课堂传达的不仅是知识，还有爱和善。""校园是一个读书的地方，读书是世界上门槛最低的高贵举动。""既读有字书，又读无字书，亲近自然，感悟生活，感受生命，体验人生的哲理，发现心灵的美丽。"

翟校长出示了一些学生的文字，从文字中不难看出翟校长的爱与情怀。

翟老师：第一次听您的课，令我耳目一新的是，您并没有讲在高中如何适应紧张的学习与激烈的竞争，而是谈到了一个人最根本和最重要的部分——道德观。记得听完您的第一课我想到了爱因斯坦的一句名言："学校的首要任务是培养出一个真正意义上的'人'。"

在9月1日的开学典礼上，我听到了林茜姐姐在附中就读三年的体验。她说："我觉得在这里学到的最重要的东西并不是具体的知识，而是学会了怎样做人。"在随后的新生宣誓上，我真的感到心潮澎湃——"心系祖国，胸怀天下"——这是怎样神圣的责任感啊！

翟校长还介绍了人大附中在读书方面的实践。人大附中把"名著阅读"带入了语文课堂。老师们对语文教材进行了大胆的取舍，减少了重复性和机械性的练习、作业，把大量的时间交给学生，带领学生走进广阔的名著阅读世界，指导学生一边阅读一边写读书笔记，至于写什么、怎么写则不加限制，只要表达真情实感即可。老师们选择学生的优秀读书笔记印制成"美文欣赏"，发给同学们进行点评交流以共同提高。翟校长讲，非毕业年级的语文课要拿出三分之二的时间给学生阅读。

人大附中努力营造读书的"场"，学生读、教师读、家长读。师生共读，亲子共读，形成了良好的读书氛围。2010年至2012年两年间，据粗略统计，人大附中初中学生人均课外阅读文学名著在20部以上，人均写读书笔记在两万字以上。

翟校长还出示了教师为学生推荐的阅读书目，比如2014—2015年秋季学期高二年级推荐阅读书目。

经典类：南怀瑾《老子他说》，《汉书选译》(凤凰出版社)，朱熹、吕祖谦《近思录》

散文类：梭罗《瓦尔登湖》、马克思《1844年经济学哲学手稿》

诗词类：周汝昌《千秋一寸心》、叶嘉莹《唐宋词十七讲》、周先慎

《古诗文的艺术世界》、袁行霈《中国诗歌艺术研究》

思想类：卡夫卡《变形记》、王小波《思维的乐趣》《沉默的大多数》、周濂《你永远都无法叫醒一个装睡的人》、熊培云《自由在高处》

戏剧类：《西厢记》《罗密欧与朱丽叶》《雷雨》《哈姆雷特》

小说类：老舍《断魂枪》、汪曾祺短篇小说《受戒》《异秉》《大淖记》、鲁迅《故事新编》、张爱玲《金锁记》《倾城之恋》、萧红《呼兰河传》、张承志《黑骏马》《北方的河》、《西厢记》

人大附中开展了丰富多彩的社团活动。2013年成立了国学读经班，由专业的国学老师指导，研读国学经典。每周一节课，至今已经坚持一年，一字一句读完《论语》，现在正在读《道德经》。在读经班的课堂上，师生每人手捧一本书，一起读书，平等讨论。读经教学其目标在于引导学生扎实读书、触发思考，帮助学生增长学识、修身养性。

翟校长还出示了一篇关于人大附中2014年高考优秀生群体调查启示录的报道的节选文字：

阅读经典：根底扎实方能"如鱼得水"

"人的境界高低决定了人的成功大小。文化的修养与母语或者文字是有关系的，语文提升的是人的境界和心灵。"在人大附中校长、语文特级教师翟小宁看来，语文直接作用于人的人格，这种人格力量对一个人的成功至关重要。语言也是思维，学生在接触语言文字时，就能感受到里头的生命与情感。

现代教育报记者采访时发现，在人大附中语文高分群体中，无论文科生还是理科生，在语文阅读上都投入相当多的时间。其中，既有每天的名段摘抄，也有固定时段的经典名著阅读。近年来，人大附中大力提升阅读的广度和厚度，让学生在阅读整本著作中学会文科思维，而非简单的碎片式阅读。

仅高一那年，人大附中学生李一鸣就阅读了上百本课外书籍。她涉猎广泛，从文学到历史，从社会到经济。自小立志报考北大法学专业的她，已精读了孟德斯鸠的《论法的精神》，甚至还阅读了《君主论》。

"虽然我语文考了 142 分，总分 676 分，但这不说明阅读一定要直接反映在成绩上。它是一种人文素养的积累，是对知识面、视野和思维的一种开阔，可以帮助你形成文科思维模式。"李一鸣在高三时偏爱写议论文，经常引经据典说理论证。

今年高考文科总分第二名、人大附中学生傅小勇对哲学非常感兴趣，尤其是对康德哲学很有心得。高中阶段他反复精读康德的《道德形而上学的奠基》，并做了不少读书笔记。后来在阅读冯友兰《中国哲学史》的过程中，进一步发现《论语》在中国传统文化中的独特魅力。

翟小宁校长说，人的成长必须有根据地，根据地建立起来之后，人生的根底就扎实了。人大附中提倡中学生必读《论语》，因为它从某种意义上说是中国文化的代表，代表了中国的一种精神，甚至是一种信仰，"我们培养的就是一种中国信仰"。

第二位主讲嘉宾是北京市一〇一中学副校长、著名特级教师程翔老师。他没有使用 PPT，面带微笑、生动地讲述了他和他的学校在推广阅读上的四个做法。

第一个做法，在学校里，提倡"选几部名著，让它陪伴你一生"。《论语》是推荐的第一本书。每个班都要开展阅读《论语》的心得交流活动，哪怕是一两句。推荐的第二本书是《红楼梦》。毛泽东说，《红楼梦》不读五遍，你没有发言权。这本书值得反复读。

第二个做法，请了很多名家进学校，让他们与学生面对面谈读书。请过梁衡、曹文轩、莫言、舒婷等人进学校。读书，是为了塑造灵魂。莫言获诺贝尔奖后进的第一所学校就是北京一〇一中学，而且莫言对学生的提问非常满意，说这一天是他获奖以后最开心的一天。

第三个做法，就是让学生写读书报告，尤其是寒暑假。强调读整本书，读名著。对读书报告的写法有明确的要求，开学后每个班要开读书报告交流会。

第四个做法，通过课堂教学这个主渠道来促进学生的阅读。语文课堂对学生的成长更多的是起促进作用。在课表上没有"语文"课，只有"阅读"课和"写作"课。写作要独立设课，阅读也要独立设课。文学作品是表达情感，不去考虑逻辑、理性的东西。不要将文学作品的表达规律等同于科学作品的表达规律。语文老师要在课上促进、提升学生的阅读品质。思考提升了，生命质量就提升了。

第三位主讲嘉宾是首都师范大学的蔡可老师，他主讲的题目是"阅读行动与语文素养"。他引导大家关注新一轮课程改革聚焦"核心素养"的理念。

聚焦"核心素养"，重点关注语言建构与运用、思维发展与品质、审美鉴赏与创造、文化传承与理解。

语文素养靠什么生成？蔡可老师说，语文活动，倡导以"活动"为中心来重构语文教学。语文教学必须也只能在言语活动中进行。阅读不只是"读书"，需要更丰富的"活动方式"——演说、辩论、故事会、黑板报、文学期刊、社团组织、比较阅读、主题研究、小课题论文、网络协同学习……

三场报告总时间也就四十分钟，但在听的时候，我时有会心之处。在我看来，读书虽然是私密行为，但更应该成为一种社交方式，就如今天，三位主讲人分享了他们的读书心得，于己是一种反思与提炼，于人是一种促进和启示。古人强调"为己"而读，确有深义，但一个人如果在阅读时只吸引不表达，只作"为己"之学，不作"为人"之举，这种读书姿态是不值得提倡的。

在我看来，读书，是一种交流：与自己交流，安顿好自己的心灵和灵魂；与别人交流，与作者亲切会谈。哲学家笛卡尔说："遍读好书，有如走访著书的前代高贤，同他们促膝谈心，而且是一种精湛的交谈，古人向我们谈出的只是他们最精粹的思想。"同时，我们还要将自己的阅读成果与别人交流。这种指向表达与交流的阅读，能极高地提升自己的阅读效益。

读书，使人精神开阔明亮，而读书交流同样也使人变得安静深思。北京之行，不虚哉。

第二辑
在读书中学会读书

有人读书务于精熟，
有人读书观其大略，
这两种读法其实并无高下。
读书没有奥秘，
——只要你开始读起来。

过一种平衡的读书生活

　　曾到一所学校，听一位老师讲他们高一年级有位男生很爱读书，尤其爱读鲁迅，几乎将《鲁迅全集》都啃下来，但令人担忧的是，他为人孤僻，不合群，且有厌世情绪。我开玩笑地说，让他多读读安徒生。过了段时间我又去了这所学校，老师们告诉我，他正在读安徒生童话，人也变得友善、乐观起来。

　　汉代刘向说，"书犹药也"，然药亦有毒药与良药之分。即便是好书，如果自己的心力承受不住，好书也会成为毒药。幸而这世上还有其他一些好书作为调补，由是观之，读书也是一种平衡的艺术。

　　读书的平衡艺术，主要体现在选择读物上。余杰曾用"黑色阅读"形容他的阅读之旅，他从陀思妥耶夫斯基、帕斯捷尔纳克、鲁迅、张爱玲的文字中读出人性的自私、冷漠，读出命运的苍凉、荒谬。这种阅读方式确能训练出鹰隼般犀利的眼睛，但人生的色彩并不总由黑暗组成，只在黑暗隧道中进行的阅读，往往会增添戾气。黑暗阅读与亮色阅读并行的阅读，可以形成气象万千的大格局。

　　除了以色彩划分外，世上的好书还可分为智慧书与性情书，前者如哲学、美学、社会学、伦理学等理论类读物，后者如小说、散文、诗歌、戏剧等文学类作品。当然，有些理论类好书也能涵养性情，有些性情类好书也能培育智慧。而这种简单的分类，只是为了说明，理想的读书状态，不宜专读理论而废了性情，也不宜专为"悦读"而流于浅薄。

选择的读物往往会随着年龄而变化，很多人三十岁以后便不再读长篇小说了，因为时间所限，但更重要的可能是缺少了从容、悠闲的心境。快节奏的工作状态，会将一个人的精神空间一再挤压，而阅读长篇小说需要一个足够大的内在世界来支撑。曾在地铁上偶遇一位正在读《飘》的中年女子，她的优雅、淡定一如淡淡的栀子花香弥散在车厢里。对于那种沉浸在长篇小说中的成年阅读者，我一直保持着欣赏与尊敬。

对于教师来说，我们既要读些专业书籍，为学生而读，提升教育力；也要读些专业以外的闲书、杂书，为自己而读，安顿好时常躁动的心。《理想国》《爱弥儿》《民主主义与教育》等教育名著，会给你带来教育启迪，提升职业幸福感，但如果只读这类书，视野会变得狭窄，思维会走向逼仄。教育，只是人类文化的一部分，没有站在教育之上的全景俯瞰，一切教育探索、教学改革的价值终归是有限的。就是柏拉图、卢梭、杜威他们，也并不是职业教育家，他们在其他领域同样有让世人瞩目的探索。闲书、杂书看似与专业无关，其实无用之中有大用，这些书籍会逐渐化为你的血液和骨骼，并最终影响、改变着你的专业发展。

有些人主张泛读，有些人主张精读，这两者并不矛盾，因为有些书只宜泛读，有些书应该精读。如果一个人将读书作为炫耀的资本，他会迷恋上泛读和速读，他可能会弄清楚哪些书一说出来就能震住旁人，然后上网搜索，只花很少的时间就能大致了解该书的相关资料，保证在向别人吹嘘时天衣无缝。他的阅读是为了获得结果，当然，我也无意否定为获取信息而进行的"功利阅读"，只是，一个人的阅读如果始终停留于功利境界，他就不能体验另一种阅读乐趣。美国学者莫提默·J·艾德勒和查尔斯·范多伦在《如何阅读一本书》中根据阅读目的将阅读分为三种：一种是为获得资讯而读，一种是为增进理解而读，一种是为娱乐消遣而读。作者认为这三种阅读的差异是显著的，为增进理解而读对促进心智成长最有意义。

一个人如果长期只为获取资讯或娱乐消遣而读，则会丧失增进理解的阅读能力。查尔斯·达尔文就有过这样的苦恼，他在自传中写道："在三十岁之前，或者三十多岁之前，各种类型的诗歌，比如说弥尔顿、格雷、拜伦、华兹华斯、柯勒律治、雪莱等等的作品，都能给我带来很大的乐趣……但是现在，已经有很多年我都无法忍受读一句诗了。最近我尝试去读莎士比亚，发现实在是难以忍受的无聊，让我感到恶心。我也差不多完全失去了对绘画和音乐的爱好。"事实上，达尔文清楚自己因长期以来阅读和努力翻译搜集而来的资料，已逐渐丧失了对艺术作品的理解和感受能力。而这样的教训，在我们这个信息爆炸、资讯泛滥的时代，更值得反思。

为获取资讯或娱乐消遣而进行的阅读，更多的借助于泛读；为增进理解而进行的精读，常常与慢读、重读联系在一起。如果说泛读是向宽度的努力，那么精读则是向深度的探索，一个真正的阅读者可以泛读博览，但一定要有自己最钟情的几本书、几位作家，这几本书、几位作家是可以陪伴他一生的。这些好书是值得我们反复阅读的经典，借卡尔维诺的话说就是"每次重读都好像初读那样带来发现的书"。我卧室里也放着一排书橱，里面的书都是与我最亲密的、值得反复阅读的、于我而言最重要的书，如尼采、茨威格、毛姆、克里希那穆提、钱穆、傅佩荣、蒋勋、薛仁明、梁启超、胡适、周作人、木心、钱理群、刘再复、周国平等人的书。

读书还应在入与出之间找到一种平衡。一个人过度沉迷于书的世界，入之太深而不能打通书与生活的通道，是有很大危险的。蒙田曾谈到"文殛"，即因读书过多、过于投入而被文字之斧砍伤，丧失了创造力。完整的阅读，是一次探宝之旅，为寻宝而进山，也要带宝而出山，而不可葬身于宝山。读书入境易，而要从书中抽身而出，反观自己、反思生活，委实不易。在解决读书的出入问题上，写读书札记，不失为一种理想的方法。

主题阅读：专业发展的快车道

曾有一位工作十多年的老师对我说："工作以来，我的闲暇时间大部分花在看书上，但你若问我，读过哪些专业书，读书的主攻方向在哪里，我倒真说不上。我没有明确的读书计划，读的都是自己感兴趣的杂书，比较随性。这么多年过去了，感觉读书对我的专业发展并没有多大帮助。"

对这位老师的困惑可能不少老师会有同感：读书不少，但对专业发展的帮助似乎不大。

其实，读书对专业发展的帮助有隐性与显性、短期与长期之分。只要读书参与了你内在精神的构造，都会或多或少、或显或隐地影响你的专业发展。这位老师的随性读书，其实也暗暗促进了自己的专业发展。当然，从更有效的角度出发，主题阅读能帮助你走上专业发展的快车道。

《如何阅读一本书》中将阅读分为四个层次：基础阅读、检视阅读、分析阅读和主题阅读。这四个层次之间是渐进关系，主题阅读是指根据主题需要进行选择性的阅读。阅读的最终目标，包括也超越前面的层次。该书指出主题阅读的五个步骤：浏览所有与主题相关的书，找出最相关的章节；根据主题创造出一套中立的词汇，带引作者与你达成共识；建立一个中立的主旨，列出一连串的问题；界定主要及次要的议题；分析这些讨论。

主题阅读与零散阅读不同。零散阅读是散兵游勇式的游击战，由于兵力分散单薄，对战局起不到根本性作用；而主题阅读则是大规模的兵团作战，火力集中而攻击性强，决定双方的胜负走势。当然，游击战也有游击战的优势，灵活快捷，不拘章法；集团作战，旷日持久，耗神耗力，需要志趣支撑。

主题阅读，首先要明确自己的主攻方向，然后再围绕这个主题挑选相关书籍做研读。比如，邓彤老师为开设《红楼梦》导读选修课，利用一个暑假将《红楼梦》原著通读四遍，在一本岳麓书社出版的普及本《红楼梦》上密密麻麻写下许多读书心得；又从《红楼梦学刊》编辑部邮购了自发刊号直至当年的 15 年间的近六十本杂志；认真通读之后，又研读了几本"红学"专著：王国维《红楼梦评论》、俞平伯《红楼梦辨》、一粟《红楼梦研究资料汇编》、郭豫适《红楼梦研究史稿》、孙逊《红楼梦脂批初探》；四处搜集与"红学"有关的图书乃至器物；还非常认真地读完几本小说理论。在此基础上，邓老师才开始正式开设《红楼梦》导读选修课，很受学生欢迎。邓彤老师说："如果我们有志于做一个受学生欢迎的语文教师，那我们必须拥有自己的'根据地'。在博览群书的基础上，我们必须选一本书，把它读懂读透。没有一定的阅读深度，我们便很可能永远停滞在一个较低的层次，成为只有广度而无深度的'平面人'。"

闫学老师的专业发展之路就是她的读书之路，而在她的读书方法中，最常用的是主题阅读。2010 年 4 月，"文本细读"成为语文界热议的焦点话题，这一阶段，闫学老师阅读了大量西方美学、文艺学的书籍。当她把列维·斯特劳斯的结构主义、雅克·德里达的解构主义、艾略特的新批评起源于俄国的陌生化理论等书籍通读一遍后，她的文本解读能力迅速提升，出版了《小学语文文本解读》一书。

主题阅读，也是论文写作的重要支撑。论文写作，其实是围绕主题进行阅读与思考的过程。如果在论文写作过程中，闭门造车，写出的文章往往是单薄的；而围绕主题进行集中阅读，有助于深化思考，提炼观点。比如，要写一篇《葡萄月令》（汪曾祺）的文本解读的文章，在反复"裸读"文本后，最好还要从知网或维普网下载相关文章，了解相关的研究进展，在此基础上，进一步提炼文章的观点。关于《葡萄月令》的相关文章，可搜索如下：

《葡萄月令》教学实录，赵艳秋，发表于《中学语文教学参考》2011 年第 9 期。

《葡萄月令》教学实录，黄厚江，发表于《中学语文教学参考》2011 年第 8 期。

从《葡萄月令》看汪曾祺的语体风格，顾乐远，发表于《语文月刊》2011 年第 6 期。

备课本上的《葡萄月令》教学故事，曹勇军，《语文学习》2011 年第 5 期。

汪曾祺的语调——细读《葡萄月令》，汪政，发表于《新语文学习》2011 年第 3 期。

浅谈《葡萄月令》语言的"孩子气"，刘希乐，发表于《新语文学习》2010 年第 3 期。

先给"品尝葡萄"找个支点——汪曾祺《葡萄月令》教学难点突破，王守明，发表于《语文学习》2011 年第 1 期。

……

这也是一种主题阅读，目标明确而集中，容易形成聚焦性思维，有利于有效解决问题。

主题阅读的关键，在于确定一个有意义的主题。主题来自问题，平常教学中，教师要有问题意识，每一阶段都要用一两个问题来困扰自己。围绕问题或主题展开的阅读，是高质量的阅读，也是教师专业发展的快车道。

读书要与表述相结合

法国作家蒙田曾说："我的记忆力差得惊人，而且，我所忘记的东西甚至超过我所记住的东西。我在若干年前仔细拜读过的某些书（还做了详尽的笔记），竟以为是自己从未读过的新作。"蒙田的这种体验，相信很多老师也都有过：边读边忘，就像一个人出去拣豆子，却不曾留意他的袋子有洞，结果边拣边漏。

既然读后总会忘，那么我们还要读书吗？事实上，即便忘记了所读的内容，但可以肯定的是，书中那些美好的语词和句子已悄悄渗入你的体内并沉淀下来，渐渐化为你的呼吸、骨肉与心血。不过，迅速遗忘总归令人遗憾，为了减少遗憾，蒙田想出一种方法："为了能稍稍弥补一下这方面的缺陷，一段时间以来，我养成这样一个习惯，即在那些业已读过而又无意再读的书尾做上记号，诸如阅读日期、形成的总的看法等。这就能提醒我记住，我在读书过程中所形成的那些关于作者性格的印象的想法。"在书尾做上记号，写上自己总的看法，这的确是一种不错的读书方法，可以让下次再拿到这本书时，借助自己的总结迅速激活记忆。而这种做法还有一个好处，写读书小结，可以帮助深入理解内容并加深记忆。

写读书小结，就是一种表述。读书是与书本的对话与交流，是信息输入与输出的双向过程，不仅要吸收书中内容，而且还要学会自我转化，将书中内容表述出来。如果读书只剩下了信息的输入，缺少了信息的转码和内化，那么读书效率就会变低，不能发挥读书对知识重构或生命重建的作用。读书与表述相结合，可以减少遗忘，让读书效果更明显。"学习金字塔"理论告诉我们，教别人是最有效的学习方式。教别人其实就是一种表述，经过表述，书本语言转换为自己的语言，通过表述在大脑皮层留下深刻的印记，改变并重组了原有的知识结构。余秋雨先生说："一个不被挖掘、不被表述的灵魂是深刻不了、开阔不了的。不被表述的灵魂无法不断地获得重组。不断的表述实际上就是在不断地组建自己的灵魂。"读后并加以表述，就是组建自己深刻而丰富的灵魂。那么，如何在读书之后加以表述呢？

写读书札记，是一种很好的表述方式。

陈日亮老师的《救忘录：一个特级教师的读书零札》，是我很喜欢的一本书。这本书收录了陈日亮老师数十年来的部分读书札记，取名"救忘录"，自有深意。陈日亮老师说："'学如不及，犹恐失之。'于是开始着手个人的'救忘运动'：凡有所读，多少觉得该留些记忆的，便赶紧摘到本子上，不计所读者深而所感者浅，多半会或长或短写上几句，有的则是一时兴感，与所读并无关联，庶几挽住所读的印象和零碎的感想……""读书零札"，顾名思义，不求成篇，不求系统，只要偶有所感便随手记录，比如下面文字即是陈老师的一则读书札记。

朱光潜说："多年来我养成一种习惯，读一部理论性的书，要等到用自己的语言把书中要义复述一遍之后，可能对这部书有较好的把握；想一个问题，也要等到用文字把所想的东西凝定下来之后，才能对这个问题想得比较透……因此，我认为理先于文或意在笔先的提法还是片面的。"（《艺文杂谈》）

我主张阅读要能够做到"以言传言"，原理与朱先生所说同。自己的写作的经验也一样可证明：不可能完全做到意在笔先。

陈日亮老师的读书札记言简意赅，"以言传言"四字就是用自己的话对朱光潜先生的话作了重新表述，这就将朱光潜先生的观点纳入自己的知识结构中。语文老师尤其应该有这种语言敏感意识，遇到"该留些记忆的"，便赶紧摘抄，不仅如此，还要用自己的语言表述一番，或认同或阐发或补充或否定，总而言之，只有经过大脑的过滤蒸馏，书本内容才能得以提纯、内化。

读书零札之外，写成篇的读书随笔或读书评论，也是一种不错的读书方式，即便只是将原书内容用自己的语言重新表述一遍，你对原书也会有更深的理解和认识。我和高万祥先生合著过《优秀教师的 30 本案头书》，两人分工，每人写 15 本书的读书评介，为写而读，这种读书方式对我是极大的淬炼和提升。因为定位为"评介"，所以我们首先要介绍下该书内容，这看似简单，做起来并不轻松。内容概述，必须基于你对全书内容的熟稔，而且初步形成自己的判断。比如我读德国作家本哈德·施林克的《朗读者》后，将全书内容压缩成以下三百多字：

这部小说分三个部分。第一部分讲述的是战后德国 15 岁的少年米夏邂逅了一位 36 岁的德国女人——汉娜，两人发生性关系。在每次性爱之前，汉娜都会要求米夏为她朗读。几个月后，汉娜突然失踪，米夏万分痛苦，四处寻找，却毫无结果。第二部分是八年后，已成为法律专业大学生的米夏，在法庭旁听一个涉嫌纳粹集中营的审判中，意外地看到了被告席上的汉娜，原来她是一名纳粹集中营看守。在审判过程中，米夏逐渐发现了汉娜是文盲。他本可以告诉法庭这一事实，争取法庭对她的从轻量刑，可是米夏没有这么做。第三部分汉娜终于被判终身监禁，米夏一直朗读作品，并录成磁带，寄给汉娜。十八年后，当汉娜可以走出监狱，获得重见天日的机会时，她却在米夏去接她的那天的黎明时分，上吊自杀了。

尽管这种概述肯定会遗漏一些重要的情节或细节，但它能帮助我加深对全书的记忆与理解。如今，经过我评介的 15 本书，依旧深深地留在我脑中，即是明证。阅读，然后表述，这的确是一种很有效的读书训练。

如果有时没有能进行书面表述，口头表述也是一种不错的方式。艾德勒说："你真想拥有一本书，你就把它讲出来。"读了一本好书后，你有没有产生一种迫不及待想与他人交流的冲动？如果有，你就不妨找一位听众，发表你的读书心得。你的感受会在表述中变得更加具体，你的观点会在表述中变得更加明晰。当然，这位听众最好也读过这本书，这样你们在交流过程中就会产生碰撞，引发争论或共鸣。

读书，就是"以言传言"；读书，请从表述开始。

打通读书的任督二脉

周国平对读书有一个精当的比喻："读书犹如采金。有的人是沙里淘金，读破万卷，小康而已。有的人是点石成金，随手翻翻，便成巨富。"生活中的确有这两种人：一种人读书虽多，却没有让读书对生活产生多少积极的影响；而另一种人读书却能以一当十，将所读书的效用尽情发挥出来。我们并不鼓励功利性、目的性太强的读书，但读书如果不能帮助完善精神、重建生命，这种读书方式并不值得提倡。

在武侠小说中，某某一旦打通任督二脉，就会功力大增。读书也是如此，如果能打通任督二脉，读书效果会大增。

如何打通读书的任督二脉？简言之，就是打通读书与生活的通道。

书毕竟不是一切，读书只是生活中的重要部分而不是全部。读书，既要"入乎其中"，也要"出乎其外"。如果一味死读书、读死书而没有将读书与生活打通，就会成为孔乙己式的人物——陪书殉葬。如果能将读书与生活打通，融为一体，阅读者的心灵就会成为一个没有边界的生生不息的世界，一个大的宇宙。《从文自传》有一篇的题目是"我读一本小书同时读一本大书"，沈从文的读书法值得我们学习，他同时读小书（书本）和读大书（社会、人生），而且两者互相渗透，彼此应和。

从系统论的角度看，一本书不可能单独存在，它必然与其他书关联，与作者、读者关联，与一个时代、一方水土关联。会读书的人往往会联系着读，由这本书联系到那本书，由所读的书联系到所经历的生活、所思考的问题，读而思，思而读，使读书参与到生命工程的建构中来。

我在读奥地利心理学家弗兰克《活出意义来》一书时读到下面一段文字："不要以成功为目标——你越是对它念念不忘，就越有可能错过它。因为成功如同幸福，不是追求就能得到；它必须因缘际会……是一个人全心全意投入并把自己置之度外时，意外获得的副产品。"我立刻由这句话联想到老子的"无为而无不为"。我们对老子这句话的理解往往有偏差，只记得了他的"无为"而忘掉他的"无不为"，这其实是大错。老子并不是主张什么都不做，而是说，不为什么而什么都做了。做事不带有明显的功利目的，而只出于性情与趣味。你坚持做一些好事，等于不断往银行存款。这些银行都可以零存整取，等期限到了，银行会连本带息还你一个大大的惊喜。求之不必得，不求可自得，做事不能目的性太强。如果一心奔着高利息而去，很可能会血本无归。弗兰克的这段话对我们的教育教学也很有启发。学校教育不能以成绩、分数为目标，当然不是说不去追求成绩、分数，而是要把这些作为"副产品"，正如北京十一学校提出的一条文化价值观——"不为高考，赢得高考"。

读书，其实是在读自己。你从一本书中能读到什么，归根结底，取决于你的阅读积累与生活积累。我们永远不是两手空空地来到一本书面前的，当我们开始读一本书时，总是带着自己的经历、思维、喜好、习惯甚至偏见。你可以从一本书中照见自己。换一个角度来说，当你走向一本书时，不妨问下自己：我准备好了吗？

胡适主张，要主动找一些研究的问题来困扰、折磨自己。这的确是一个好办法，当你在某一阶段完全沉浸于某一问题时，所遇到的一切几乎都可以与这一问题发生关联。我有一阶段沉浸在思考班主任工作中，发现眼前所见几乎无一不是教育。我在读心理学家乔纳森·海特《幸福来自对于人生的投入》一文时，读到下面一段文字，几乎欢呼起来："人生就像种花一样。自从我有了一个花园之后，我就明白，当一株植物出了问题，你不能只是想着怎么解决这个问题，而是关注整个环境。只要这棵植物还没有完全枯死，只要你把环境收拾好了，改变土壤、阳光和水源，然后等待，一个月后，它就会活转过来。"乔纳森·海特说的是人生，又何尝说的不是教育、不是班主任工作呢？班上某个学生出了问题，绝不仅是他个人的问题，而与他的家庭、他的班级有关，改变、帮助他，从他周围的环境着手，效果往往会更好。再者，人的成长总需要过程，有的快有的慢，我们的老师要学会等待，等待他在某个时间点突然觉醒过来。

佛语有云："念念不忘，必有回响。"当你始终念想着一个问题时，全世界的力量都会来帮助你，只是需要你能敏锐地识别出隐含的讯息。身为教研员，我时常为听到一些"差课"而气恼，我往往会避开一些听"差课"的任务。当再次读到傅佩荣《哲学与人生》中的一段话时，我的观念发生了变化。这段话是这样的："老子有一句：'善人者，不善人之师；不善人者，善人之资。不贵其师，不爱其资，虽智大迷，是谓要妙。'（《老子》二十七章）这句话的意思是：善人是不善人的老师，不善人是善人的借鉴（'资'代表借鉴或凭借）。不尊重老师，不珍惜借鉴，即使再聪明也免不了陷于困惑，这是个精微奥妙的道理。"我深刻反思：我们平常注重以善人为"师"，而忽略的是——以不善人为"资"。正面的东西可以成为老师，负面的东西也可以作为借鉴。在成长的道路上，这两者对你我都很重要。正如，听"差课"也能使我获益多多，我可以从中了解到当前语文课异化的种种情状，积累反面案例，并从中获得警示，提炼好课的基本要素。当我换了一种心态再去听所谓的"差课"时，就变得心平气和，格外珍惜。这也是读书带给我的恩惠。

读书是福，而它的前提是，打通读书的任督二脉，让它作用于教育生活与自我生命的建构。

读点打底子的书

　　二十世纪初，被称为北大怪才和奇才的辜鸿铭，在讲到如何学习英语时，极力主张要选择一部书，如莎士比亚的名著之类，熟读成诵，打好底子，然后再广泛涉猎，才能触类旁通，真正掌握英文。这个主张带有他个人学习的独特体悟，是其学习外语的经验总结。他生于南洋的一个华侨家庭，后来随养父（英国人）到英国，一直在英伦求学，所以他的西学功底深厚；加之天赋，终于使他成为学贯中西的学界奇人。

　　学者金克木说，有十部古书是汉代以来的小孩子打底子的书，它们是《易》《诗》《书》《春秋》《左传》《礼记》《论语》《孟子》《老子》《庄子》。若不读好这十部书，唐朝的韩愈、宋朝的朱熹、明朝的王阳明的东西就无法读。同样，想要了解西方文化，必须得有《圣经》的知识，如果没有这个知识，就无法读懂公元以后的书。

　　尽管金克木的读书是针对青少年而言的，但他的主张对我们教师读书同样有启发。教师可读的书很多，而读书的时间和精力都很有限，如何让有限的读书发挥最大的效益，最好的办法就是选择几本源头性的书认真研读，读熟读透。

　　陈日亮老师说："人，须有一个自己的精神世界，用心观照，弥补，平衡，对抗外部的物质世界。而读书，正是营造，充实，完善，提升精神世界的唯一选择。因此，选择读什么样的书，就成了我们生活中的一件大事。"世上的书尽管浩如烟海，但只有极少数的书处于无以计数的书的核心位置，其他许许多多的书都围绕着它们，吸取它们的光辉和能量，共同构成了人类精神的浩瀚天空。这极少数的书就是恒星之书、源头之书。源头之书是我们专业成长路上所绕不开的，读这些书可以使我们变得聪慧。

著名特级教师黄厚江老师自称读书不多，其实黄老师恰恰是最会读书的老师。黄老师说："我定下的读书原则是：要读的书实在太多，我只能读急着要用的；中国的书和外国的书我来不及读，就先读中国的；古代的和今天的书我读不完，就先读古代的；古代的书也很多，我就先读两三本非读不可的。"黄老师认为有三本书是语文老师应该读读的：《论语》《老子》和《易经》。黄老师对这三本书反复研读，即使出差，也会带上其中一本在路上读。

黄老师对《论语》极为用心，还出了一本专著《论语读人》。单看书名，便可知道黄老师是把《论语》读成人物传记，读出文化经典背后的故事。这既需要作者的智慧，还需要甘坐冷板凳的毅力。据黄老师说，他这本书前前后后写了三年，《论语》反反复复读了多遍，不仅如此，黄老师还带着学生一起读《论语》，他在《和学生一起读〈论语〉》这篇文章中介绍了和学生共读《论语》的实践，这也是黄老师的智慧之处。

在黄老师之前，品读《论语》的大家可谓多矣，这些大家的见解也已深入人心，黄老师要在此基础上谈出新意委实不易。但黄老师硬是从名家的解读中跻身出来，发出自己的声音。比如大家对冉有的评价一向比较高，但黄老师却觉得冉有是孔子不喜欢的学生之一，孔子不喜欢的学生大概除了宰我，就要算冉有了。黄老师还指出，孔子不喜欢冉有和冉有疏于礼乐有关。黄老师列出具体例子，比如我们熟悉的《子路、曾皙、冉有、公西华侍坐》一则，孔子让这四位弟子谈谈志向，冉有的回答是："方六七十，如五六十，求也为之，比及三年，可使足民。如其礼乐，以俟君子。"意思是："有六七十里或五六十里见方的小国，让我去治理，三年以后，就可以使老百姓饱暖。至于这个国家的礼乐教化，还要等君子来施行。"尽管冉有说得很谦虚，但黄老师却注意到"至于这个国家的礼乐教化，还要等君子来施行。"这句话，因为这句话中包含很微妙的东西，勇武的子路尚且表明能让老百姓懂得礼仪，而聪慧的冉有却支支吾吾，不能不说这句话里包含着对孔子礼乐思想的一点点抵制。黄老师对冉有这句话的推断是基于对冉有整个人的理解，他认为："冉有的作为，从小处看，就事论事地看，都能显出他的聪明能干；但从大处看，就显得幼稚，就显出他在大是大非上的不成熟。"我们对《侍坐》一则较为熟悉，但对于冉有的话中隐含的情感倾向却是第一次听到。类似的独到发现，书中还有不少。

打底子的书一般是与现在相隔较远的经典，读起来不会很轻松，有些古文原典还需要借助其他书籍辅助阅读。黄老师在读《论语》时选择了一些相关的书作为参考，如钱穆先生的《论语新解》、李泽厚先生的《论语今读》、杨伯峻先生的《论语译注》、李零先生的《丧家狗——我读〈论语〉》等，黄老师借鉴了这些名家解读的智慧，但又跳出了前人解读的圈子。众所周知，《论语》是一部语录体散文集，主要记载孔子及其弟子的言行。对《论语》的注疏、解读浩如烟海，但恕我寡闻，按人物纪传的方式品读《论语》，这还是第一本。我很认同南大教授徐兴无在序言《简易功夫终久大》中的一句话："人是言行的统一体，读人才是对《论语》的全面解读。"这也是由《论语》一书的特点所决定的，《论语》不同于后来的《孟子》《荀子》等书，《论语》中人物形象较为鲜明，具体可感。

打底子的书，顾名思义，这些书能够对自己的工作、人生产生重要影响。黄老师讲，《论语》对他的教学思想、人生主张都起过重要的影响。关注或研究过黄厚江老师语文教学思想的老师，大概都会发现他不走极端的辩证思维特点。而这一思维特点，正是孔子所崇尚的中庸品质。中庸之道不是折衷主义，不是滑头主义，而是"执两用中"，从对立统一的视角对问题进行一分为二的辩证分析，得出新的认知。联系黄老师的"本色语文"的教学主张，我们似乎从《论语》里找到他教学思想的源头。

《红灯记》里李玉和说："有你这碗酒垫底，什么样的酒我都能对付！"而在人生的漫漫旅途中，有一两本好书垫底，什么样的困难我们都能对付。

数书同读与一书重读

　　美国作家诺曼·梅勒在他的访问记里自称能同时读几本书。起初只是个偶然的行动：有一天他正在书斋里津津有味地读一本书，忽然邮差送来了邮件，其中有一本作者送给他的书，他便放下原来在读的书，而把刚送来的新书翻了开来，这样读了下去，脑里并不觉得有任何干扰，而且那种因久读一书所生的倦怠，也因接触了新的内容，消散殆尽，他忽然感到像发现了一个新大陆。以后一本书看得厌烦，他就另拿起一本，从同时读两本书，一直到同时读六本书。每换一本，总有新的感觉，而那种读一本书的陈旧感也一扫而空。他发现以新的心情吸收新的内容，不但不会打乱他的思绪，反而增加了脑子吸收新刺激的活力。

　　数书同读，可以在有限的时间内多读些书，的确是提高阅读效益的好办法。寒暑假是我们教师读书的好时光，但也容易出现长时间读一本书的倦怠，如果用另一本书来调节，可以使脑子得到新的刺激而忘掉疲倦。假期集中读书，我喜欢将理性的书与感性的书交替着读。比如，研读小威廉姆·E.多尔的《后现代课程观》，感觉有些累，便沉浸到齐邦媛的《巨流河》中小憩会儿；在胡兰成的《今生今世》里放松太久，便用冯友兰的《中国哲学简史》来感受阅读的重量。

　　即便在平常工作期间，也可以一段时间内同时读几本书。我有这样一个习惯，可以三四本书同时读。办公桌上放一本，书桌上放一本，床头柜上放一本。办公桌上的多为教学类的专业书，书桌上的多为与近期思考的主问题相关的书，而床头柜上多放着怡情悦性类的小书。三四本书同时读，互不干涉，各得其乐。

需要提醒的是，同时读几本理论书难度较大，脑子容易混乱，并不适合所有人。就我个人的阅读经验，同时阅读的书中只能有一本理论书，而且其他几本书的阅读难度不能太大。同时阅读的几本书也可以是同一主题，但这些书的可读性要较强。比如，有一阶段我围绕"故事力"同读了以下一些书：苏珊·佩罗的《故事知道怎么办》，李永强、郝琦的《故事咨询师：心理辅导的隐喻操作》，海尔的《故事力》，何雪的《马云的故事力》。四本书尽管是同一主题，但内容、风格各不相同，同时阅读可触发联想，有利于我进行梳理和整合。

数书同读，是指同一时间读几本书；而一书重读，则是指不同时间反复读同一本书。这是两种不同的读书方法，各有妙处。

黑塞曾有这样的看法：每一位思想家的每一部著作，每一位诗人的每一个诗篇，过一些年都会对读者呈现出新的、变化的面貌，都将得到新的理解，在他心中唤起新的共鸣。他举了自己读歌德的例子："我年轻时初读歌德《亲和力》只是似懂非懂，现在我大约第五次重读它了，它完全成了另一本书！这类经验的神秘和伟大之处在于：我们越是懂得精细、深入和举一反三地阅读，就越能看出每一个思想和每一部作品的独特性、个性和局限性，看出它全部的美和魅力正是基于这种独特性和个性"。经典作品就具有这种常读常新的品质，正如意大利作家卡尔维诺所说："一部经典作品是一本每次重读都像初读那样带来发现的书。"

苏轼《送安敦秀才失解西归》诗云："旧书不厌百回读，熟读深思子自知。"

有一些好书是需要我们反复阅读的，一方面是因为潮水般涌来的遗忘总是轻易地将曾经的阅读轻轻抹去，甚至一点痕迹也不留下；另一方面是因为上次读这本好书的你，肯定不如此刻再读这本好书的你成熟、深刻，相对于现在的你而言，上次的阅读肯定会留下遗憾和不足。有一些经典好书能够对生命的每一阶段都产生积极影响，如果没有重读，你就失去了与一本好书真正结缘的可能。

王瑶老师就有这样的体会。有一次因为要给老舍的选集写序，于是他将老舍的许多作品又仔细重读了一遍。老舍作品的风格平易近人、富有幽默感，这些作品王瑶老师不仅早已读过，而且多年来在教学和研究中常常谈到，照通常情形说，是不会有太多的新鲜感，但是，当王瑶老师重读时却感受到新的惊异与喜悦、新的发现与启示。经典其实并没有变，只是读经典的那个人变了，于是，经典又有了新的模样与魅力。

重读法，古人早有提及，如苏东坡发明的"八面受敌"读书法。"八面受敌"读书法，是"每一书皆作数过尽之"、"故愿学者每次作一意求之"。意思是每一本书要读上好几遍，每一遍都只带着一个主题去探求、去研究，这样就好像读了好几本书一样。古时候，读书人手边可读的书极为有限，他们只能反复重读经典，硬凭着这有限的书培育了大智慧；如今，我们可以读的书多如牛毛，我们总想去读更多的书，而读过的经典往往被弃掷一旁，读书多了而智慧却未必增长。两者的区别在于，有没有在重读中领悟经典的真正精髓。

对于我们老师来说，手边要有几本反复翻读的经典好书，可以是教育教学类的，也可以是人文经典类的。这些书具有永恒的光辉，能够将你的前尘与来路照得透亮。有这些书打底子，你会变得更厚实、更幸福。

信息时代，培养自己的阅读信仰

　　我们的社会已经进入了一个信息爆炸的时代。信息爆炸，是指当今时代信息量不断增加，呈现几何级别的增长。加利福尼亚大学研究团队指出，到 2024 年，将全世界服务器一年处理的数据量转换成书本，叠起来的厚度可以直达距离太阳系最近的恒星——半人马座阿尔法星，其距离长达 4.37 光年，是 2008 年全球信息数据量的 4500 多倍。

　　信息时代的到来，的确给我们的生活带来很大的便捷，但伴随而来的问题是：汹涌而来的信息有时使人无所适从，人们常常迷失在茫茫无际的信息海洋中。我身边就有这样一位同事，他对全世界每时每刻发生的事都表现出极强的兴趣，他对周围人的阅读内容也很感兴趣，其他人读什么，他也会立刻找来读。与他交流，他显出无所不知的姿态，但往往是道听途说，并没有自己的独立见解。这类人没有形成自己的阅读信仰，往往被泛滥的信息绑架。怀特海说："零零碎碎的信息或知识对文化毫无帮助。如果一个人仅仅是见多识广，那么他在上帝的世界里是最无用且无趣的。"要将零零碎碎的信息和知识整合起来，就需要形成自己的阅读信仰。阅读信仰，是一个人在阅读过程中所形成的基本的阅读判断和价值观念，影响其阅读内容与阅读方式。

　　小学语文特级教师管建刚老师是一个有阅读信仰的人，他对自己的阅读有着清晰的认知与规划，他认为教师应建立自己的"阅读中枢"：

前些年，我写《不做教书匠》，我的"阅读中枢"是价值观、励志类的书。这些年，作文教学是我的研究核心，与作文教学有关的书籍、文章，我会细致地看，认真地研究，与作文教学无关的书，可看可不看，有时间就消遣着看，没时间不看也罢。两三年研读一个专题，自己对这个专题的认识比较深入了，谈论起来也比较有成就感了，再换一个专题来阅读。两三年换一个"阅读中枢"，不知不觉，十来年过去了，就有了好几块"阅读中枢"，一块一块的"阅读中枢"会在某一天相互链接起来，以前星星点点的东西会汇聚到一条河流里，形成一个大的"阅读中枢"，那就是融会贯通。

管建刚老师的"阅读中枢"，帮他过滤去了于专业发展无用的阅读，使他在有限的时间内能多读一些于专业发展有益的书。这种阅读看似功利，但对于想在专业上快速发展的教师而言，却是极为有效的方式。对于每一个阅读者而言，确实存在着时间少与图书多的矛盾，人一生可读的书是有限的，阅读信仰可以帮助你在读书上形成聚焦，不致使精力过多离散。

在神话故事中，伊甸园里有两棵树，一棵是生命之树，一棵是知识之树。诗人说，知识之树不是生命之树。意思是，知识和信息的积累，并不必然增进我们的生命意义和幸福感，有时甚至恰恰相反。二十世纪七十年代，英国学者詹姆斯·马丁统计，《纽约时报》一周的信息量即相当于十七世纪学者毕生所能接触到的信息量的总和。但我们大家都知道，即便将一年的《纽约时报》都拿来认真研读，你也成不了十七世纪灿若群星的学者群中的一员。

瑞托是意大利的一位经济学家，他的法则就是人们熟悉的8/2法则。他认为20%的信息具有80%的价值，而剩余的80%的信息只有20%的价值。一句话，重要的少数和不重要的多数。这对我们的启示就是，要根据信息的价值，把主要精力集中在最有价值的信息上，剔除不必要的多余的信息，要有所注意、有所放弃。这就需要我们拥有自己的阅读信仰和阅读价值观，根据自身阅读的需要发现有价值的信息并进行整合。任何碎片化的知识必须被理性梳理并建构起系统化的体系，才能体现出知识的力量，并内化为个人的智慧。

在今天这个微时代里，微博、微信、微视频等盛行一时，碎片化阅读成了我们这个时代的基本特征。中国新闻出版研究院组织实施的第十一次全国国民阅读调查表明，2013 年我国国民人均每天手机阅读时长为 21.7 分钟。调查还指出，数字化阅读的接触率持续增长，人们越来越倾向于这种便捷的阅读方式。"朋友圈"、"公众号"里的信息的确很多，"乱花渐欲迷人眼"，我们应根据自己的价值追求有所选择，有所放弃。我选择了这些"公众号"加以关注："人民教育"、"外滩教育"、"京城教育圈"、"第一教育"、"守望新课程"、"新校长传媒"、"语文湿地"、"为你读诗"等。

小说《玉娇梨》中的主人公苏友白曾有一段妙论："有才无色，算不得佳人；有色无才，算不得佳人；即有才有色，而与我苏友白无一段脉脉相关之情，亦算不得我苏友白的佳人。"借用苏友白的品赏标准，一篇文章即便题目很有吸睛力，即便内容也很精彩，但对于完善我的知识结构并没有任何帮助，也算不上我眼中的好文章。这种阅读看似功利，以我为主，个性色彩较浓，会屏蔽掉一些也许很好的文章，但在信息泛滥的时代，我们的阅读真的不必求多求快，而要力求找到适合自己的文章加以慢慢品读。我们缺少的不是信息，而是信仰，因为只有信仰才能帮助我们搜索到对我们重要而有用的信息。

作为教师，阅读信仰的建立，与教育情怀和专业发展意识有关。培养自己的阅读信仰，也就是提升教育情怀与专业发展之路。

跨界阅读兴味长

一次，跟好友谢长军聊天，他向我推荐正在读的两本书：老树的《在江湖》和朱新建的《打回原形》。他告诉我这两本书很有意思，作者都是画家。末了，长军兄不无得意地说："我很喜欢这种跨界阅读。"

跨界阅读，这个提法真好。他跟我一样，专业是语文教学，但他的阅读视野较为开阔，常常向我推荐语文圈外的一些好书。当代社会，专业分类越来越精细，而当你选择了一门专业，也就等于选择了一种观察视角、一种生活方式。专业成就人，但也限制人。如果我们语文老师能经常跳出语文圈子，到圈外找点好书读读，就能不断地丰富自我、完善自我。

读点哲学类的书

韩国现任总统朴槿惠曾公开表示，在人生最痛苦的岁月里，对她影响最大的是中国著名学者冯友兰的书——《中国哲学史》。她说："自从与这本书相遇，我恢复了心里的宁静，明白了之前所不能理解的许多事情。所谓人生，并不是与他人的斗争，而是与自己的斗争，为了在这场斗争中获得胜利，最重要的是内心必须坚定，懂得控制自己的感情和欲望。"

诚如朴槿惠所言，哲学能给人带来宁静，带来力量。因为哲学是一切学科之母，是一切学科的源头，包含着超越于学科之上的最高智慧。哲学是"爱智慧"的学科，读点哲学类的书，可以培植智慧。阿兰·德波顿的

《哲学的慰藉》、威尔·杜兰特的《哲学的故事》、罗素的《西方哲学史》、冯友兰的《中国哲学简史》、傅佩荣的《哲学与人生》等书，作为基础性的哲学书籍，可以成为我们语文教师常常翻阅的案头书。

读点禅学类的书

"一念心清净，处处莲花开"，禅能给世俗红尘带来丝丝凉意。做老师，有时候难免会产生焦虑，既要关注学生的学业，又要惦记自己的职称与荣誉称号，还要操心家庭事务，因此常常忙得不可开交，心生怨气。这时候，读点禅学方面的书，能帮我们神清气爽起来。

《清心九书》一套三本，是我喜欢的书。作者郑石岩，是通晓心理学、教育学及禅学的作家，《清心九书》中记录了很多有禅理的小故事。

有一次，惟俨禅师和弟子道吾、云岩一起走在山道上。忽然，惟俨指着林中一株枯木问："是枯萎的好呢，还是向荣的好？"道吾回答："自然是向荣的好。"惟俨毫不客气地否定了他的回答："灿烂终将归于消灭。"一旁的云岩说："枯萎的好。"谁知又被惟俨禅师否定："枯萎也终将成为过去。"

这时，正好高沙弥从对面走来，惟俨唤住他，又问了刚才的问题。机灵的高沙弥一听就答："枯萎的让它枯萎，向荣的让它向荣。"惟俨这才称赞道："还是高沙弥回答得好。世界上任何事情，都应该听其自然，不要执着，这才是禅者的态度。"

"听其自然，不要执着"，如一声断喝，让人猛醒。在禅学的词典里，"执着"是贬义词，因为执着者容易固定在自我的思维圈子里，而不能让生命变得通透。教师拥有这一份"看破"的心理，就会多一份从容的心境，不会强迫着学生成为教师所希望成为的样子，而是让孩子按着他本来的样子自然生长。

读点艺术类的书

艺术家由于长期浸淫于某种艺术之中，他对周围世界的感觉会比普通人更敏锐。一个樵夫即使拥有一大堆再完美的根雕材料，也只会将之当作生火用的木料；而一位根雕艺术家，他会从漫山遍野的木料中发现为数极少的根雕材料，并把它雕刻成艺术品。

法国著名画家莫奈，为了画威斯敏斯特教堂曾经到过伦敦。而这幅画在伦敦展出时，竟然引起一场风波。因为莫奈的画上，伦敦的雾是紫红色的。雾怎么会是紫红色的呢？参观者带着不解渐渐地离去。但是，走在伦敦大街上的参观者，抬头一望都惊呆了。他们这才发现，伦敦的雾确实是紫红色的。为什么呢？原来是伦敦林立的烟囱，不断地喷出带有火星的烟火，使雾变成紫红色。

艺术家的确具有这种比常人敏锐的感受，读艺术家写的文章，能提升我们的感受能力与审美能力。读范曾、吴冠中、黄苗子、黄永玉等人的文章，我常常感佩于他们精微的感觉和纯净的灵魂。

读点博物类的书

博物学是一门内涵丰富的综合性学科，也是一种重要的科学研究传统，是指对大自然的宏观观察和分类，它包括当今意义上天文学、地质学、地理学、生物学、气象学、人类学等学科的部分内容。科学史上，博物学传统是与数理传统同样重要的两大研究范式。博物学的传统在中国古代的确是非常发达的，而作为一门学科，二十世纪以来博物学有点衰落，但作为生活的一部分，多识于草木鸟兽虫鱼之名，仍然是美好的。

最近几年，关于博物的书在出版界有渐热的趋势。一些此类旧作，在这一股风潮中重新出版。已故散文作家苇岸 1995 年出版的《大地上的事情》，已重订出版，包括其代表作《大地上的事情》《一九九八：廿四节气》《放蜂人》等。台湾散文家陈冠学的散文集《田园之秋》，是作者归隐田园之后的生活实录，被誉为中国的《瓦尔登湖》。该书在大陆出版时，易名为《大地的事》。读点博物类的书，可以心随物游，静观宇宙之美。

读点管理类的书

记得有次从陈丽霞校长处借得20本《管理学家》杂志，如获至宝，寒假里通读，且做了两万多字的读书笔记。读管理类的书，发现最终都指向一个"人"字。无论是德鲁克还是稻盛和夫抑或松下幸之助，他们的管理之道，都是无限地激发人的正能量。稻盛和夫深受中国传统文化的影响，尤其对儒家文化和禅宗文化钻研较深。他提出"利他是商业的原点"的理念，这一理念具有颠覆性却又极为正确。读管理，读到最后就是人生智慧。

彼得·圣吉的《第五项修炼》是一本不可多得的好书。《第五项修炼》描述了公司如何通过采用学习型组织的战略和行动对策，来排除威胁组织效率和事业成功的"学习障碍"。在学习型组织中，新型的、扩展性的思考模式得到培育，集体的热望得到释放，大家不断学习如何开创自己真心向往的成就。

除了读以上这些杂书外，我的阅读触角还常常跨到科学之界。比如最近在读的《青梅嗅》一书，作者詹克明，是核物理学家、文理兼通的科学智者。《青梅嗅》是一部科学哲学散文集，这是一本能"构建人文精神世界基石"的科学散文精品。读这些散文，我深深感受到科技与人文的融合之美，有时不禁击节称赞。

真的，跨界阅读带来的兴味浓挚，悠长。

语文老师应该读一点杂书，因为读杂书能帮助你一步步去除遮蔽，让自己变得更完整——而一个完整的语文教师对学生的影响是巨大的。

第三辑

专业阅读的眼光

教师与一般读者相比，
在读书上更专业、更敏锐，
就像训练有素的警犬，
总能根据气味，
迅速而精准地找到目标物。

像练习滑雪一样练习阅读

套用尼采的一句话，这是一本为所有语文老师又不为任何语文老师所写的书。

这本书是莫提默·J·艾德勒和查尔斯·范多伦合著的《如何阅读一本书》，对语文老师如何认识阅读、指导阅读有着极其重要的意义。

阅读之重要，已成为我们的共识，然而不少语文老师对于指导学生阅读基本处于无为或妄为阶段，或者任学生自由阅读而不作任何指导，或者简单地将阅读与考点训练对应，通过大量做题而力求提高学生的阅读水平。这样的阅读教学，具有"反阅读"倾向，是语文教学效率低下的重要原因。

阅读有何意义？阅读应该如何进行？阅读可以分为哪些层次？语文老师该如何指导阅读？这些都指向语文的内核，是我们每一个语文老师不能规避的问题。"以其昏昏，使人昭昭"的时代应该过去，当代语文老师不仅要重视阅读、喜爱阅读，而且要懂得阅读、善于阅读。

只有将阅读作为一种复杂的技能和行为习惯来认识，将阅读指导作为一门科学加以研究，语文老师才能成为阅读的内行，才能逐渐在阅读教学上"依乎天理"、"因其固然"，从而"恢恢乎其于游刃必有余地矣"。

《如何阅读一本书》的作者认为最能增强理解力也最为常用的是第三层次的阅读——分析阅读，并且总结出分析阅读的八条规则。八条规则会不会过于复杂？作者这样解释："规则的多样化，意味着要养成一个习惯的复杂度，而非表示要形成许多个不同的习惯。在到达一个程度时，每个分开的动作自然会压缩、联结起来，变成一个完整的动作。当所有相关动作都能相当自然地做出来时，你就已经养成做这件事的习惯了。"对每一条规则，作者又提出了具体要求。

比如第六条规则"从最重要的句子中抓住作者的重要主旨"，这也是我们语文老师对学生的阅读所提出的要求，但是我们的指导往往失之草率。而本书作者却给出了具体而明确的阅读策略，比如提供了找论述文中关键句的方法：留心作者作判断的句子；留心在阅读时感到困惑的文字；根据关键字词找关键句；根据论述层次找关键句。而对是否理解关键句的主旨，作者提供了两种测验方法：用自己的话来复述关键句的意思，以及列举出与主旨相关的例子。

这样的指导，类似动作的分解指导，切实而有效，与我们笼而统之、泛泛而谈的阅读指导形成鲜明的对照。阅读，是具有复杂度的习惯，是一套自发自觉的行为程序。我们应该进行分解训练，像练习滑雪一样练习阅读。只有当我们将所有动作都连贯在一起时，才能享受到冰凉的疾风和滑翔的快感。

本书开篇就提出了两种阅读目的：一种是为获得资讯而读，一种是为增进理解而读。前者可以增加资讯而不能增强理解力，后者既能增强理解力也能记住更多的资讯。显然，为增进理解而读对促进心智成长更有意义。在此基础上，作者提出四种层次的阅读：基础阅读，也叫初级阅读或基本阅读；检视阅读，也称略读或粗读，要求在一定的时间内迅速抓住一本书的重点；分析阅读，相当于精读或细读；主题阅读，根据主题需要进行选择性的阅读。这四个层次是渐进关系，第四层是最高的阅读层次，包括也超越前面的层次。全书以此为逻辑起点依次展开。

全书分为四篇二十一章。第一篇总体介绍阅读的四个层次，第二篇和第四篇分别介绍阅读的第三和第四层次，第三章介绍阅读不同读物的方法。语文教师阅读本书，可以运用本书介绍的方法，将检视阅读与分析阅读相结合，各取所需，务求实用。可以略读第一篇，精读第二、第四两篇，挑读第三篇。

第一篇可以略读，但读到第五章"如何做一个自我要求的读者"时可以放慢速度。这一章提出在主动阅读时，一定要提出四类问题：整体来说，这本书到底在谈些什么？作者细说了什么？怎么说的？这本书说得有道理吗？是全部有道理，还是部分有道理？这本书跟你有什么关系？作者认为，有自我要求的阅读总是要努力提出问题。我们语文老师不仅应该让自己成为有自我要求的阅读者，而且应培养学生成为这样的阅读者，养成主动提问和自主探索的意识。

精读第二、第四篇时，务必理解分析阅读的八个规则和主题阅读的五个步骤。这八条规则，可以视作阅读训练的分解动作，我们可以通过具体的阅读实践将其内化为阅读素养。在第四篇的最后部分，作者提出一个形象的称谓——"书的金字塔"，认为处于塔尖的真正好书的数量是极其有限的，读这些好书更能促进生命的发展。这就提醒我们，要提高阅读品位，精选读物，读那些"书中之中"、"永恒的书"。

最后，我们可以选读第三篇内容。该篇介绍了阅读不同读物的读法，读物的种类有实用类，想象文学，故事、戏剧与诗，历史书，科学与数学，哲学书，社会科学等。读者可根据个人的阅读喜好，挑读有关章节。

教学解读的三重视角

赵谦翔老师有句名言："千改万改，认真备课不能改；千法万法，吃透教材第一法。"吃透教材的关键是教学解读。

教学解读，就是指向教学的文本解读，它比一般意义上的文本解读更加贴近教学实际。孙绍振先生曾指出，教师对中学语文教学的作品解读"习惯于从表面到表面的滑行"，正是由于缺少教学解读的意识，备课多半搬用一般文本解读的现成结论，将教参、教师用书或专家学者的作品分析照单全收，很少考虑到教材、教师与教学对象之间的多重关系。实际上，面向一般读者的文章作品进入语文教材后，就从文本变成了课文，虽然文本还是那个文本，而解读却多了两个向度：学生视角和教师视角。因此，教学解读一般包括三重视角，这三重视角按时间先后顺序排列。

视角一：常态读者的视角。

常态读者的视角，是指能按常态读者的阅读方式理解和感受文本，并反思自己的阅读过程与阅读方法。教师阅读文本，难免会受到阅读经验、审美趣味等因素的影响，而这些也会成为一种阅读阻碍，使教师难以真正走进文本，难以与文本产生情感共鸣与思想共振。因此，我们强调教师在阅读文本时，应尽可能过滤去无关因素，悬置先前的阅读体验、教学参考、教学资料等，以常态读者的角色进入陌生化阅读状态，"裸读"文本，获得真切的理解与感受。

不少老师贪图便捷，常常跳过这一阶段，直接看教参或其他人的解读，这就失去了自身对课文真实的感受和体验，成为别人的"传话筒"，与文本就会产生一定的隔膜。强调常态读者的阅读视角，是为了使我们的阅读触角更加敏锐，提升我们的阅读能力。这样即使拿到一篇旧课文，也要逼迫自己静下心来，尽量排除先前的阅读体验，独立品味文章，力求从中读出自己的发现。

视角二：专业研究的视角。

完成常态读者的阅读之后，对课文有了感性体验，接下来就要以一名语文教师的身份研读课文，由自然阅读转向专业阅读。专业研究的视角，是指能以专业的姿态分析文本，依循体式特性抓住文本的关键点。教学解读，是一种专业的解读，与常态阅读所不同的是，它要依循体式特性，并借助合适的文本解读策略，读出常态读者所不能发现的内容。以散文阅读来举例，常态读者可能关注的是记叙、描述的内容，而专业的视角则应该关注记叙、描述中所灌注的作者主体的思想、感情以及在语言表达方面的特色。

专业研究还要关注这篇文本在教材体系中的地位。教材为什么把这篇课文放在这一册这一单元？这不是随意的安排，因为课文要服务于单元，单元受制于整册教材，而教材又要服务于课程标准。

视角三：学生阅读的视角。

学生阅读的视角，是指教师能从学生的角度解读课文，判断学生可能出现问题或困难的地方。选择教学内容，要结合学情考虑，很多教师在备课阶段也会"备学生"，但针对某一篇具体的课文则语焉不详。学生读这篇课文时哪些地方自己能读懂，哪些地方可能读不懂，读不大懂的原因有哪些……从学生的视角阅读课文，对学情进行准确预估，可以有效地提高教学效益。

钱梦龙老师说："我在备课的时候，首先考虑的不是自己怎样'讲'文章，……有时候自己在阅读中遇到了难点，估计学生也会在这些地方发生困难，就设计几个问题，让学生多想想。"我们在教学解读时，应多像钱老一样换位思考，多去想想学生阅读时遇到的障碍。

不同的解读视角，发挥着不同的教学功能。常态阅读可以读出切己的感受，有利于对文本内容的真切把握；专业阅读可以理性地判断文本的教学价值所在，明确教学内容的最终落点；用学生阅读的视角，可以预估学情，确定课堂教学的起点，对教学难点做到心中有数。教学内容的确定应在多重解读视角之间来回斟酌，进行综合考量。

以萧红的《〈呼兰河传〉节选》为例。从常态读者来阅读，我们会感受到园子里的自由、快乐，感受到祖父对"我"的宠爱、"我"对祖父的依赖，也可能会隐隐感受到快乐背后潜藏的无奈、感伤和叹惋。从专业阅读的视角，我们会发现这部回忆性的自传体小说的节选部分有两重视角：一个是儿童视角，懵懵懂懂的"我"享受着快乐无忧的童年；一个是成年叙述者萧红的视角，她旁观地看着童年的"我"和"我"的世界，穿越了遥远的时空回顾往事。从专业阅读的角度，我们还可以发现文本语言具有诗性特点，体现在语言的反复性与情味性上。如果再站在学生的角度来思考，我们发现初中生在小学时已学过这篇课文，除删除了第一节及调整个别词句外，初中课文与小学课文几乎一样。学生对童年的快乐、自由以及祖父对"我"的爱，在学习这篇文本之前就有了一定的认识。

在用三重视角分析之后，我们就要来思考这篇文本的教学内容。孙绍振先生指出："语文要教学生能感觉得到但表达不出来，或学生一望而知，其实一无所知的东西。"就该文本而言，什么是"学生一望而知，其实一无所知的东西"？怎样才能让学生"能感觉得到"又能"表达出来"呢？经过这样的思考，我们发现，学生可能会理解"我"童年的自由自在，但可能不大理解成年萧红回望过去时甜蜜而忧伤的复杂心绪；学生可能理解园子带给"我"的快乐时光，但可能不大理解园子已成为萧红生命的栖息地、精神的后花园；学生可能会感受到语言的情味，但可能不大明白语言的诗性特点。基于以上考虑，我们将本文的教学点，即教学目标，确定为以下三个：理解园子的特点及其对作者的生命意义；理解多重视角的叙述特点，感受作者的复杂心绪；品析文本语言的诗性特点，加深对作者思想感情的理解。

以上是语文教师阅读一篇课文时一般要具有的三重视角。当然，在具体实践中，每一位教师可根据自身特点灵活掌握。陈日亮老师曾将自己阅读一篇课文的经验总结为"三问"：首先问自己这一篇为什么要"学"。如果回答因为是精品甚至是经典，那么，让学生知道"精"之所在、"典"之所在。其次，问这一篇为什么需要"教"。通常一篇文章不教学生也能学懂，那么为什么还要教？应该找出必须教的三五条理由。最后，还要问"什么不教"。学生一般已经知道的"不教"，今天学生还不需要知道的"不教"。尽可能多地剔除"不需要教"的，才能把教学内容提炼得很精粹，任务完成得很集中。

总而言之，教学解读，是一个需要多重视角参与的过程。我们语文教师可在多重解读视角之间来回斟酌，进行综合考量，从而明确教学目标和教学内容。

练好解读文本这门内功

特级教师于永正说："要想真正上好语文课，必须要学会解读文本，走进文本，要深入挖掘教材，不能片面地停留在文本的表面，要挖出文字背后蕴藏的东西，只有钻研出语文的味道来，才能上出带有语文味道的课来。"解读文本，是上好语文课的前提，也是语文教师应该具备的重要素养。

钱梦龙老师给闫学老师的专著作序，题为"优秀，源于解读文本的功力"，中间有这段文字："闫学老师之所以优秀，很大程度得益于她解读文本的功力。因此，如果我们真心实意想使自己也成为一名像闫老师一样优秀的语文教师，首先就应该实实在在地从提升自己解读文本的功力入手。"解读文本的确是一项硬功夫，那么，我们该如何修炼这门内功呢？

第一条建议：在语言实践中历练通文。

解读文本必须凭借解读者的语感，语感是人把握言语的主要方式。正如语感只有在实践中才能不断提升，解读文本能力也只有在反复的言语实践中才能不断增长。

语文老师大多知道，孙绍振先生在文本的微观解读方面独树一帜，自成一派。如此瞩目的成就离不开他的禀赋、才情，更离不开他的勤奋努力和大量的实践，他年过古稀仍撰写了四五百篇细读文本类文章，而且"具体文本具体分析，力图原创地归纳出文本的唯一的、不可重复的特殊性"。作为大学教授，他完全可以从宏观层面开展学术探究，建构起富丽堂皇的理论大厦，但他放低姿态，在细读一篇篇文本中逐渐梳理出自己的解读方法，自下而上地完成了理论建构，这是令人敬佩、信服的实证研究的方式。以解读数百篇文本作为学术底子，孙绍振先生的文本解读功夫的确可以笑傲江湖。

文本解读能力不能凭空培养，它是在解读一篇篇文本的教学过程中逐渐训练出来的，这是一个摸爬滚打、反复摸索的痛苦过程。郑桂华老师在回顾自己的成长历程时，特别感谢工作初期时的那段编书时光。郑老师第一年参加工作，接到一项编书任务，她很是头疼，"原来只要站在读者的角度看一篇文章，现在就需要站在出题者的角度去看"。很多日子里，她都是含着泪去写满一张张稿纸的。而编完那本教辅之后，回头再看手中的教材，突然觉得薄了。她不禁感慨："编书对我来说的意外收获，就像金庸笔下的某个人物修完一本武林秘籍，无意中竟然功力大进。"后来，郑桂华老师又参加了编写多套语文教材的工作，在撰写"课文说明"的时候，需要精读课文，找出可以作为教学内容的文章内涵、结构特点及语言风格，并说明这些特点是怎样体现出来的，它们之间有什么关系。编书、编教材，包括命题和试卷评价工作，"这些经历对提高我的语言品味的敏感大有帮助"（郑桂华语）。我们在佩服郑桂华老师在阅读课上精妙的解读时，也要看到她在语文教学路上的种种历练，这些历练都会成为她进行文本解读的厚实底蕴。

第二条建议：在研究范例中对照参悟。

解读文本需要敏锐的语感和发现的眼光，而解读时一方面可以自研自悟，另一方面可以研究文本解读的经典范例，有所揣悟。在文本解读方面，近些年有一些学者加入进来，对一线教师的文本解读起到了引领与示范作用。下面这些好书的确值得我们认真研习：《名作细读：微观分析个案研究》《孙绍振如是解读作品》（孙绍振）、《名作重读》（钱理群）、《外国经典短篇小说文本分析》《中国现代经典短篇小说文本分析》（刘俐俐）、《解放阅读》（汪政、何平）、《叙事、文本与潜文本——重读英美经典短篇小说》

（申丹）……

这些书凝聚了学者解读文本的智慧，需要我们反复研读，我们在读这些文本解读的个案时，最好能开动脑筋，先独立对所解读的文本作一番潜心会读，等略有感悟时，再读名家赏鉴的文章，两相比较后不难发现与名家解读的差距。当然，也不可妄自菲薄，匍匐于名家解读的脚下，而应跟名家解读平等对话，就像跟课文平等对话一样。

以解读钱理群《名作重读》一书为例，这本书上的文章大部分发表在《语文学习》杂志上，是对中学课文的重新解读。《故乡》《祝福》《社戏》《记念刘和珍君》《雷雨》《皇帝的新装》……都是我们熟悉的篇目，但在读钱理群先生的解读文章前，我们最好能将这些课文重读一遍，力求有所发现，即使没有再读，也要就钱理群文本解读的题目作一番悬想。比如看这篇文章《奇巧的构思背后的人文精神——读〈最后的常春藤叶〉》，单读题目，我们就要先作一番思考：《最后的常春藤叶》中的奇巧的构思体现在什么地方？人文精神是什么？奇巧的构思如何体现人文精神？……在此基础上，再读钱先生的解读文章，会更有收获。

除读学者的解读文章外，读中学教师的解读文章也会有启发。陈日亮老师的《如是我读：语文教学文本解读个案》、詹丹老师的《语文教学与文本解读》、闫学老师的《小学语文文本解读》等，都值得我们去研读。

最好将研读这些文本解读类的文章跟平常教学结合起来，为教学而读，效果会更好。比如在教一篇新课之前，先独立解读，再到知网、维普网上搜索相关已发表的解读类文章，放出眼光，自己来拿，在这个过程中会逐渐提升自己的文本解读能力。

第三条建议：在借鉴理论时习得方法。

如果要想文本解读功夫更进一层，我们需要适当学习些文本解读方面的理论知识与操作方法。"文本解读"这一概念是舶来品，读中国古代的书强调的是主观体悟，而西方文论侧重于技术性的解构，具有客观性和操作性。适当借助西方文本解读的理论知识，可以帮助我们剖析文本。《文学理论》（勒内·韦勒克、奥斯汀·沃伦）、《现代文学经典：症候式分析》（蓝棣之）、《情感与形式》（苏珊·朗格）、《镜与灯》（M.H.艾布拉姆斯）、《新批评》（约翰·克罗·兰色姆）、《当代西方最新文论教程》（王岳川）……这些著作，读起来有一定的难度，但"硬啃"下来后，如果能借鉴其中的解读方法，恰当地将之运用于实践，则受益大矣。

孙绍振先生发明的"还原—比较法"易操作，且实用，较受老师们欢迎。罗宽海老师运用"还原—比较法"解读《鸿门宴》，发现了"鸿门宴"里有很多不合常理的地方。于是顺着这条思路，设计了一堂课：第一个环节：找一找文章中反常的人物和行为；第二个环节：从这些反常中你读到什么？；第三个环节：是什么原因导致了项羽、项伯和樊哙的错位？罗老师将"矛盾冲突"嵌入了文本内部，分析了刘邦、项羽的性格以及背后的思想。罗老师坦言，这节课深受孙绍振先生解读方法的影响。

可以学习先进的解读理论，但不可盲目信任之。香港中文大学教授、国际知名文化研究学者李欧梵曾很形象地描绘出西方后现代文本解读理论的情状：

话说后现代某地有一城堡，无以为名，世称"文本"，数年来各路英雄好汉闻风而来，欲将此城堡据为己有，遂调兵遣将把此城堡团团围住，但屡攻不下。

从城墙放眼望去，但见各派人马旗帜鲜明，符旨符征样样具备，各自列出阵来，计有：武当结构派、少林解构派、黄山现象派、渤海读者反应派，把持四方，更有"新马"师门四宗、拉康弟子八人、新批评六将及其接班人耶鲁四人帮……真可谓洋洋大观。

文本形势险恶，关节重重……各路人马早已在城堡前混战起来，各露其招，互相残杀，人仰马翻，如此三天三夜而后止，待尘埃落定后，众英雄不禁大惊，文本城堡竟然屹立无恙，理论破而城堡在，谢天谢地。

李欧梵用语幽默，语带讽刺，否定了西方文论在解读文本方面的作用，虽观点略有偏激，但也提醒我们，学习文本解读不可一味相信理论而忽视实践。特级教师赵谦翔曾如此自警："自古大师皆务本，从来腐儒事急功。养根俟实铸大器，投机取巧雕小虫。"方法是技，学养是道，离开了学养的修炼而只求技法的狂欢，难免会缘木求鱼，适得其反。

读出文字背后的意味来

语文教师最应具备的阅读功夫就是，读出文字背后的意味来。因为言不尽意，再好的表达也难以完全表达写作者的思想情感，禅宗的"教外别传"大概正是看到了文字表达的局限性。因此我们读书，不仅要读出文字已表达的意思，还要凭借这有限的文字去揣摩作者未能完全表露的意味。这是语文教师尤其应当具备的读书能力。

这与古人提倡的"读书得间"相似。《中华成语全典》这样解释："间：间隙。比喻窍门。读书得了窍门。形容读书能寻究窍门，心领神会。"

"读书得间"，就是从空隙间看出它的事实来，从反面可以看出正面的问题，这犹如阳光从树林中照在青苔上，斑驳的光亮可以多少反映出客观的现象，从而可以得出事实的一个侧面，然后取得内在的联系。史学大师缪钺说："熟读还必须与深思结合起来。读书不仅是要多获知识，而且应深入思索，发现疑难，加以解决，此即所谓读书得间，也就是所谓有心得。"（缪钺《治学琐言》）作家宗璞说："古人说读书得间，就是要在字里行间得到弦外之音，象外之旨，得到言语传达不尽的意思。朱熹说读书要'涵泳玩索，久之自有所见'，涵泳在水中潜行，也就是说必须入水，与水相合，才能了解水，得到滋养润泽。"（宗璞《霞落燕园》）

北大教授季羡林说："……在大多数情况下，只有到杂志缝里才能找到新意。在大部头的专著中，在字里行间，也能找到新意的，旧日所谓'读书得间'，指的就是这种情况。因为，一般说来，杂志上发表的文章往往只谈一个问题，一个新问题，里面是有新意的。你读过以后，受到启发，举一反三，自己也产生新意，然后写成文章，让别的学人也受到启发，再举一反三……"（季羡林《我的学术总结》）拥有了"读书得间"的功夫，就能触类旁通，举一反三，发现普通读者所未发觉的事实，从而增益智慧。

我们不妨来进行一个阅读训练，请阅读下面这段选自《史记·张丞相列传》中的文字，然后想想，从这段文字中读出了什么？

《史记·张丞相列传》（节选）

嘉为人廉直，门不受私谒。是时，太中大夫邓通方隆爱幸，赏赐累巨万。文帝尝燕饮通家，其宠如是。是时丞相入朝，而通居上傍，有怠慢之礼。丞相奏事毕，因言曰："陛下爱幸臣，则富贵之；至于朝廷之礼，不可以不肃！"上曰："君勿言，吾私之。"罢朝坐府中，嘉为檄召邓通诣丞相府，不来，且斩通。通恐，入言文帝。文帝曰："汝第往，吾今使人召若。"通至丞相府，免冠，徒跣，顿首谢。嘉坐自如，故不为礼，责曰："夫朝廷者，高皇帝之朝廷也。通小臣，戏殿上，大不敬，当斩。吏今行斩之！"通顿首，首尽出血，不解。文帝度丞相已困通，使使者持节召通，而谢丞相曰："此吾弄臣，君释之。"邓通既至，为文帝泣曰："丞相几杀臣。"

下面这篇读书笔记《谁是弄臣？》是南师大附中王雷老师读了上面的文字后写的。我们读王雷老师的这篇读书随笔，看能否从中获得读书方面的一些启示。

谁是弄臣？

王 雷

《史记·张丞相列传》中讲到一个小故事——

邓通恃宠而骄，"戏殿上，大不敬"，丞相申屠嘉为严肃朝廷之礼，把邓通叫到丞相府，严词训斥，并扬言要处斩。邓通吓得屁滚尿流，叩头求饶，"首尽出血，不解"。这时，文帝派人赶来救走了邓通。

在这个故事里，有两处地方值得揣摩。一是，邓通去丞相府之前曾向文帝求助，文帝的答复是：你尽管去，我会派人去救你。二是，邓通去了丞相府之后，文帝没有马上派人去说明情况救出邓，而是让邓在丞相那里担尽了惊吓，受足了苦头，才"使使者持节召通"。文中有句话透露了一个重要信息："文帝度丞相已困通。"原来文帝在计算时间呢：去晚了固然不行，嫉恶如仇的申屠嘉说不准真会斩了邓通；去早了又不足以"困通"。原来文帝是想借丞相之手给邓通一个信号，让他明白不可太放肆，你只不过是我的一个弄臣而已，千万别忘记了自己的身份，这是非常重要的！而邓通似乎并不明白个中委曲，你看，他惊魂甫定还哭哭啼啼跑到皇帝面前撒娇呢："丞相差点儿杀了我。"其实，恐怕丞相并不真的要杀邓通，只是要惩治他一下罢了。邓是文帝的宠臣，要是杀了他，那不是得罪皇上了吗？这可犯不着啊。这样看来，这个故事只是文帝和丞相心照不宣联袂导演的一出喜剧，丑角就是那个蒙在鼓里的邓通。皇上和丞相都明白着呢，邓通被玩弄于股掌之间而不自知。这也不奇怪，邓本来就是一个弄臣嘛。

像邓通这样靠诏媚阿谀博取宠幸的人压根儿就没有独立人格可言，只能是一个没有灵魂没有尊严的精神残疾儿。现在的问题是，邓通真的不明白吗？他知道自己在扭曲自己的人格，丑化自己的灵魂吗？我看他是知道的。为什么要这样做呢？原因很简单：现实利益。你看，"赏赐累巨万"是从哪儿来的？皇上给的。皇上会随便给吗？这都是皇上自家的东西呀。在"家天下"的皇权专制社会里，出卖人格获取利益是最快捷最稳妥的路子，这一点，太中大夫邓通可能比丞相申屠嘉更清楚。

究竟谁糊涂，邓通还是申屠嘉？文帝需要邓通，邓通需要文帝，他们亲亲热热，撒娇使性，文帝已经说了，"君勿言，吾私之"，这是人家的私事，你丞相申屠嘉起什么劲、较什么真呢？一会儿规劝皇上，一会儿又训斥邓通，又是忧心忡忡，又是义愤填膺，忙得不亦乐乎。忙得不亦乐乎不要紧，但千万不要忘乎所以！申屠嘉自己也知道"夫朝廷者，高皇帝之朝廷也"，但他怎么就不明白，他通是小臣，你嘉又何尝不是小臣呢？申屠嘉信誓旦旦要杀邓通，在文帝看来同样是忘乎所以，不知轻重，当然不会任其发展下去。这一点好像连邓通都比申屠嘉清楚，他早知道皇上是不会让申屠嘉杀了自己的。这样看来，倒是申屠嘉自始至终蒙在鼓里了？是的，一点也不错。事实证明，他是瞎操心，白忙乎了一阵。好在文帝据说是一个明君，否则，忤逆圣上绝不是什么胜任愉快的活儿，历史上为此而丢脑袋的事可谓车载斗量恒河沙数呵，可笑的是，那些人还不知道是怎么丢脑袋的。

申屠嘉有独立的人格和自由的灵魂吗？没有！和邓通一样，他也只不过是依附于皇权这张皮上的一根毛罢了。他们都是为主子效命的狗，只不过一个被称为正直的义犬，另一个是摇尾乞怜的哈巴儿狗罢了。当我们看到申屠嘉气势汹汹地要斩邓通时，也就是这只狗要咬那只狗时，那也只是因为，这只狗闻到了那只狗身上有对主子"不敬"的气味，他要替主子"伸张正义"了。伸张正义不要紧，事实上这也是常常受到鼓励的，但是，一定要注意分寸，这个分寸就是主子的意图，这可要揣摩准了，否则，主子可不买你这个帐。如何才能"揣摩准"呢？要之：记住自己的身份，千万别忘了自己是一条狗。不要因为主子心血来潮假以辞色，你就神魂颠倒一不留神错把自己当作人了！

作为一条狗，很多错误都是可以犯的，比如抢夺别人的骨头，比如在别墅里包养几条年轻漂亮的母狗等等，都是可以被主子容忍，甚至能得到主子的默许和鼓励的，但是千万别把自己当人！当邓通"居上傍，有怠慢之礼"时，文帝就需要借申屠嘉之手提醒他；当申屠嘉要为整肃朝廷之礼而斩邓通时，文帝当然会出面干预。道理就在这儿：究竟谁说了算？你邓通也好，申屠嘉也好，得放明白点。

那么，邓通也好，申屠嘉也好，他们究竟明白不明白呢？其实他们明白得很。他们很清楚自己的主子是谁，知道自己怎么做就可以得到主子的欢心和赏赉。在皇权专制制度下，正直也好，奸佞也罢，尽管客观效果有所不同，其实质是一样的，都是变着法子逗你（主子）玩（皇上又何尝不是臣子们的玩物呢？），都是丧失自己的人格和尊严以换取名声和利益，其实名声也是一种利益。生存是最高原则，至于怎样生存是不重要的。

中国从来不缺少这样的生存策略，缺少的是真正的人！

名师的读书智慧

黄玉峰老师的读书功夫

得知黄玉峰老师将来西安交大苏州附属中学参加第十七届沪浙皖苏新语文圆桌论坛活动，我立刻产生请他来玖玖雅集谈读书的冲动。

圆桌论坛活动一结束，我便领黄老师来园区教师发展中心，同行的还有《语文学习》的张少杰编辑。

说起黄玉峰老师，我首先联想起两个称呼，一个是"语文教学的'叛徒'"，一个是"五四青年"。1999 年，黄老师参加全国中语会，面对大会上对语文教育的一片颂扬之声，他感到很不舒服，觉得应该站出来讲话。他向大会秘书处再三递小条子要求发言，未被允许。于是，一时冲动，在大会快要结束时，他径直走上讲台，抢过话筒，谈了对语文教育问题的看法。台下有人问："这人是谁？这么冲，都几岁了？"有认识的说："此人叫黄玉峰，五十四岁了。""哦，是个'五四青年'嘛！""五四青年"的雅号由此而来。

黄老师是复旦附中语文教师，二十世纪末，他的"大语文"教学一度吸引了众人眼球：开设系列讲座，邀请各个领域的专家、学者给学生做讲座；创办班刊《读书做人》；每学年带领学生开展两到三次"文化行走"活动，先后到过甘肃敦煌、新疆、安徽徽州等地方，每次要求学生做好专题研究；还经常和学生一起逛书店，泡书吧，编小品，演小品，学书法，学篆刻，看展览；还自己编教材……黄老师兴趣爱好广泛，喜欢书法、绘画，喜欢戏剧，有时兴趣来时还会坐动车来苏州听评弹。在上海电视台纪实频道《文化中国》栏目任主讲，谈李白、杜甫和苏轼，讲稿已出版成书。

今晚，如此近距离地感受黄玉峰，真是我辈之幸。黄老师谈了对于教师阅读的一些看法。

观点一：要有几本书打底。

黄老师认为，读书不要太滥，应以精读为主，要有几本经典的好书打底。钱穆只读过中学，却是真正的大家。老师们与其泛读杂书十本，不如精读钱穆一本。

要在几本原典上下功夫，中国古代的如"四书"，可花五年左右的时间啃下。《礼记》也很了不起，比如提出"养亲"、"育亲"、"顺亲"、"尊亲"、"护亲"、"继亲"等观念，还提出"断一树，杀一兽，不以其时，非孝也"。这些都是很有现时意义的珍贵思想。西方经典如《荷马史诗》《圣经》等，也要花时间去读。

观点二：读书，贵在有自己的见识。

2005—2006 年，黄老师在上海电视台说李白、杜甫、苏轼和传统科举制度。电视台想请他讲《水浒传》，黄老师同意讲，但要求电视台允许他揭露《水浒传》里的陈旧观念、暴力美学，电视台最终没有同意。黄老师认为施耐庵其实是马克思主义者，主张造反有理，歌颂杀人。而我们教师要有独立精神和自由思想，要思考哪些应该教，哪些不能教。《水浒传》不是不可以教，关键是看从什么角度教。如果要教《水浒传》，关键是引导学生反思衙内制度，并结合现时代思考如何破除衙内制度。这一观念，体现了黄老师一贯坚持的"立人"思想。

观点三：读书，要有自己的研究人物。

黄老师说他重点研究鲁迅、胡适、钱穆这三个人，基本读通这三个人。他向大家推荐一本书——邵建的《鲁迅与胡适》。鲁迅和胡适都是在

"五四"时候比较"左"的人，但胡适能时时回顾历史，提出"整理国故"，激进之后有所回头，和人格有关系。革命的人，一般比较激进，比较张扬。胡适受西方文化的影响，曾经做过一个报告——《勒马回枪走正道》。

黄老师说，在和钱理群共同做鲁迅研究的时候，对鲁迅有所怀疑，鲁迅是以阴暗的心理来批判中国人的。在当代，要看清鲁迅，因为此人影响很大，大家都说鲁迅在批判中国的国民性，这是对的，但要看他是带着仇恨还是带着爱来批判国民性。为了研究鲁迅，黄老师至少将《鲁迅全集》读过三遍。鲁迅是悲观主义者，认为中国没办法救了。鲁迅看人是阴毒的，苏东坡则不同，他主张"立法贵严而责人贵宽"。看文章，最重要的是走近他的人，用孔子的方法——"听其言而观其行"、"视其所以，观其所由，察其所安"。

黄老师曾参加鲁迅研讨会，并事前说好，他会批判鲁迅的。会上讨论《祝福》，大家认为这篇文章很经典，而黄老师却说文中展现了鲁迅不安的灵魂，因为他做了很多不好的事情。黄老师是绍兴人，母亲就是祥林嫂的邻居，黄老师曾将祥林嫂的事情说与母亲听，母亲问："会有这么巧的事情吗？"母亲直觉到祥林嫂的事情是假的。鲁迅的作品是主题先行，不像沈从文小说是从内心深处出发的。

研究鲁迅，不能只看他说了什么，而要研究他的话是真还是假。比如鲁迅和周作人的绝交，一般认为是因为经济问题，其实不是这样。周作人在日记中写："我也不怪谁。"日记中还有十多个字被抠去。鲁迅每个月给周作人和羽太信子家人钱，根据常识，周作人不可能主动提出要决裂。研究问题要回到原点，拿到第一手材料。

观点四：听课，重点是看老师讲一般的东西，还是讲从文本中读出的东西。

黄老师的观点有些绝对，他说他听课是不看学生的反应的。我能理解黄老师为了突出老师的个人解读功夫而有意略去了课堂教学技巧，但对于目前的语文课堂现状而言，不宜过度提倡老师的个人解读。语文，首先是课程的语文，语文教学内容应符合课程体系与课程理念，老师可以有个人读解，但老师的语文课不能脱离课程而信马由缰。

黄老师曾去嘉定一中听课，老师上《陈情表》。上课者自我感觉好，但黄老师觉得这位老师没有真正读懂《陈情表》这篇文章。这篇文章是在讲"孝"，但要思考是"真孝"还是"假孝"。黄老师从文本中读到的是"怖惧"之情，看到李密像小狗一样在发抖。去做官，就要做叛臣；万一政权不巩固，李密性命难保。黄老师认为，"恐惧"是这篇文章最核心的地方。"臣之进退，实为狼狈。"李密掌握了晋武帝的心底，利用晋武帝的心理，为自己找到了合适的理由。"怖惧"之情与李密对晋武帝心理的准确揣摩，是这篇文章中最重要的东西。学生看得懂的地方老师不要讲，学生看不懂的地方才是老师要讲的。

观点五：读书，是为了学生，也为了修养自己。

2016 年，黄老师 69 岁了，仍在复旦附中教书，每周四节课。他提倡，要为学生而读书，老师在读书的时候要有独立的思考。

69 岁的黄老师曾去拜访 108 岁的周有光先生，周有光先生还在读书。黄老师提出要拍照合影，老先生让他等等，就进了房间，换了一件衣服，还换了一副眼镜。黄老师感叹，108 岁的老人还如此保持风雅，拥有爱美之心。读书的目的，就是让人变得更美。

已经九点多了，讲者动情，听者投入。

黄老师最后说，有一种障就是"智障"，读书，就是为了去"障"。信哉，此言！

高万祥的士子情怀

他是特级教师，是苏州市首届名校长，是享誉全国的教育专家，但他的本色永远是读书人。

他，就是高万祥老师。

读书人在古代被称为"士"。"士"的传统在中国延续了两千多年，但这一传统并不是一成不变的，在不同的阶段呈现出不同的面貌特征。尽管如此，士人精神、士子情怀仍有着一些共同的特征。"士"的传统在中国现当代知识分子身上也得以延续。

知识分子，本是西方近代才产生的概念。中国的"士"与西方知识分子群体极为相似。孔子说："士志于道。"第一次以"道"确立了"士"的基本性格。道，成为士人的精神之源。曾参发挥师教，说得更明白："士不可以不弘毅，任重而道远。仁以为己任，不亦重乎？死而后已，不亦远乎？"更进一步对士人的追求进行了明确的认定。之后历代儒家对于士人精神的界定，都是在此基础上不断延伸与扩展的。

高万祥老师身上具有强烈的以道自任的使命意识。高老师认为，当前中国社会的许多问题，都源于不读书和人文教育的缺失。他撰文著书，各处演讲，宣传他的读书理念。《培养中国的读书人口》《从现在起，做一个幸福的读书人》《阅读的力量》……单从这些演讲题目，我们就能感受到高老师倡导读书的使命意识。他尤其呼吁教师要读书：

真正的读书人，一定是有良知和正义感，有批判精神和社会责任的人。联系到教育，我总以为，没有读书的教学是应试教育最大的弊端和罪恶。在一个不读书的社会，办着一个不让人真正读书的教育，社会责任心的群体流失，便在情理和必然之中。因此，呼吁教师读书，致力于书香校园建设，是每一个有良知的教师应尽的神圣使命，也是书生报国的最好行动。

作为《中国教育报》首届推动读书十大人物之一，高万祥以强烈的使命感致力于增加中国读书人口的行动。他的责任感源于他的读书与思考，他比较关注现代中国的两类知识群体，一是以西南联大为核心的知识群体，二是以《大公报》为核心的知识群体。蒋梦麟、梅贻琦、张伯苓、陈寅恪、李公朴、闻一多、费孝通、杨振宁、李政道、吴晗、罗隆基、张季鸾、王芸生……这些人都有着强烈的社会担当精神，成为高老师的精神明灯。

孔子说："不知命，无以为君子。"知命是孔子对自己"五十"岁那个阶段的描述，也是对士人的普遍要求。所谓知命，并不意味着宿命论，将一切未来的结果诿卸于不可知的命运，反而是要自觉地意识到并肩负起应该担负的历史使命。知识分子应该自觉地将"关心政治、参与社会、投身文化"作为自身的使命和本分。他应该意识到，作为一个掌握丰厚知识和文化的人，他相对于其他人肩负着更为深沉的历史使命。这种使命是无法推脱的。高万祥老师六十岁退休之际，以一本书《学校里没有讲的教育》作为献给自己六十岁生日的礼物，后记的题目为"下半场即将开始"，自信满满，能量十足。退休之后，他先在苏派教育研究所工作，后又回到他的衣胞之地——张家港，创办了苏派教育培训学校，同时兼任另一所学校的校长，开启了教育创业的新征程。重建课程体系，灌注立人观念，他以切实的行动改良教育现状，并以此回报家乡父老对他的信赖与支持。

孔子说："君子不器。"这成为此后两千年中国士人的主流的价值取向。然而，这种传统到了现当代开始衰微。随着专业分类日趋精细化，知识分子越来越丧失了通识意识，沉迷于狭隘的知识学问的精雕细琢中，缺少了宽阔的思维视野，"工具性"人格日益突出。高万祥老师的可贵处在于，他用超越性思维，直指当代教育的病灶，不在"术"的层面费力，而力求从"道"的层面对当前教育发挥积极影响。他一直提倡教师要多读人文经典，培养大情怀、大智慧；他认为教师应少读甚至不读那些"工具性"太强的书。"读书修身"、"大爱厚生"、"以世界为观众"、"人类精神的高地"、"一本杂志和一个语文时代"、"中国语文的'财富论坛'"……高老师的词典庄严圣大，气象不俗。而这种气象来自他的美德，来自他的高贵。托马斯·阿奎那说："美德都是庄严宏大的。"格自清贵品自高，高老师是有着高贵品质的教育圣徒。他是中学语文特级教师，在中学语文教学特别是作文教学中成果斐然，但他并没有拘囿于学科、学段，而是放眼整个教育。他重视人文，推崇艺术，每次喊出"让艺体成为高贵的大学科"，都会让全场的观众欢呼雀跃。

当两千多年前孟子喊出"道之所在，虽千万人吾往矣"这句时，士人精神中便多了果敢坚毅的韧性与豪情。只要正义确实在我手里，就算对方有千军万马，我也要勇往直前。明明知道前面是刀山火海，但绝不后退，直至身死。高老师直面教育乱象，恰如真的猛士，挥舞着剑戟戈矛，叱咤在江海之间。他在《还学校一片宁静——致教育厅长》一文中，"以一个工作35年的老教师的名义"、"以一个也许还有点清醒和良知的公民的名义"，揭露出当前基础教育荒谬至极的一些假象、乱象，反对行政部门对学校的严重干扰，呼吁为教育尊严立法，还校园一片宁静。字字句句挟裹着雷霆之力，饱含着滚烫的赤子之情，体现着一个知识分子的社会良知。

"士"的本色是读书人。尽管患有可怕的眼疾，高老师仍然每天坚持阅读书报杂志。他不习惯宾馆里的昏暗灯光，便特地购买了一只便捷式小台灯，外出时总带在身边。他的包里从不缺少书刊杂志，而且总是最新的《人民教育》《中国教育报》《南方人物周刊》等刊物。只要得空，他便会一头扎到文字里去。读书，已然成为他的生活方式。

读书是一种带有私密性因子的行为，但也可以成为一群人的事业。因对书之爱，高老师与书友会结下了深厚的情缘。1999年，时任张家港第一中学校长的他牵头成立"语文沙龙"，并且创办同名刊物《语文沙龙》。"语文沙龙"迅速吸引了语文界的关注，于漪、王栋生、黄玉峰、李镇西、韩军、程红兵、陈军、王尚文、窦桂梅、李海林……一个个语文名师都与《语文沙龙》走到了一起，《语文沙龙》一时风生水起。十多年过去了，《语文沙龙》的七位成员都已成为特级教师或教授级高级教师。

高老师是我生命中的贵人，他对我的影响很大。2013年9月，他听说我想成立书友会，欣然支持，并积极筹划。待玖玖雅集开张后，他给我发来一条300多字的祝福短信："玖玖雅集，久久相知相聚相守。……玖玖雅集，心灵回家！"雅集最初半年举行活动时，他因工作还在苏州，所以几乎每次必到，而且每次都很认真地准备，为大家谈读书。即便他现在回到张家港，我们不常见面，他也会时常问起玖玖雅集，就像问起他的一位旧友。一个纯粹的读书人，对与书相关的人或事总有着难舍的牵挂啊！

黄厚江老师的读书经

"繁华静处觅知音"，用来形容这间慢书房确实再适合不过了。夜晚的观前街，霓虹闪烁，一派豪华，而在相对僻静的小巷中，灯光暗了很多。慢书房就静静地坐在这个角落里，悄无声息。

慢书房大约一百个平方，除茶饮专卖区外，还分售书区和读书区。书虽不多，却很精致，被剪成小鱼状的土黄色标签上写着"木心"、"蒋勋"、"克里希那穆提"等标示分类的字样，足见店主的情趣和品位。

玖玖雅集属于慢书房，或者说，慢书房属于玖玖雅集。

第一次在慢书房举办雅集时，先请年轻、文雅的店主许涛给大伙讲他的慢书房。在轻柔的背景音乐下，许涛借助 PPT 给我们展示了慢书房的由来和承办过的各类活动。隔周举办一次的"慢沙龙"读书分享会，有时还能请到许纪霖这样的大家。慢书房，让苏州更像苏州。

接着，董劲老师与我们分享了她读华姿《唯独这样的人——史怀哲传》一书的感受。这是一本能让人变得纯净而有力量的书。董劲老师既在读史怀哲，也在思考自己的人生，思考人生中无可避免的矛盾，思考理想与行动，思考爱与爱的方式，领悟到倾听内心的重要性。董劲老师还用动听的声音为大家朗读一些促人深思的段落，把我们带到一个洁净而温暖的世界。在她之后，几位随意聊了对史怀哲的认识。

随后，是围绕黄厚江老师《论语读人》这本书展开的交流。张兰芳老师谈了自己和学生一起读《论语》的经历，重点讲了读《论语读人》的三点感受。一是读得有意思、好玩，从书中读到了黄老师的率真。二是整本书的架构很有意思，以"人"为核心。我们老师也应该眼中有人，心中有人。三是感受到黄老师立足于现实读经典的阅读智慧。张兰芳老师语调亲切，引发了大家的同感。之后，我就着稿子谈了我的阅读感受，我的发言稿题目是"读人的智慧"。

终于轮到黄老师给大伙讲读书了。

黄老师用惯常的诙谐幽默的语气开始了聊天式发言。这是黄老师的性情使然，在我看来，做学问离不开性情。做学问如果没有性情，就易产生学究气、酸朽气；但如果一个人只重性情而忽视学问，又容易流于轻浮，终因根底轻轻、腹中空空而事无所成。最好的状态是，学问到了一定的境界，仍不失其真性情。黄老师就是这样一个会做学问而又有趣、好玩、有着真性情的"老黄"。雅集开始前和黄老师一起想找家小吃店，我看到一家豪客来，建议吃牛排，而黄老师却看中了豪客来旁边的永和豆浆。劝说无效后，只好随黄老师去永和豆浆。一杯豆浆、两根油条，就是黄老师的全部晚餐。我心下羞愧，而黄老师却抓着油条，吃得正香。

吃饭的时候，黄老师还聊起了他正准备创作的一部中篇小说《泥淖》，这部小说以黄老师的童年生活为原型，展现了文革时期的人性变形及其对美好情感的扼杀，小说情节富有张力，意蕴丰富，并且有着鲜明的地域色彩，完全具备优秀小说的诸多元素。听着黄老师眯着眼睛、津津有味地讲述小说情节的时候，我发现了黄老师旺盛创造力的背后，是他的简单、率真和性情。

黄老师开讲了。他坦承自己从小读书不多，该读书的时候没读书，该吃饭的时候没饭吃。不过，小时候倒是喜欢读书的，有时还会走在乡间的田埂上，手持一卷书，独自吟诵着"十年生死两茫茫"类的诗句。黄老师感慨，人应该偶尔站在田野上看星星，一辈子从来不写诗的人，精神是不健全的。

关于读书，黄老师讲了三句话。

第一句，从功利入门，还要出功利之门。

黄老师讲他的读书是很功利的，他的读书总是和思考、表达连在一起的。他现在常常是为写而读书。他笑称，没有买过一本亏钱的书，买来的书总能把它的价值发挥到最大。黄老师启示我们，读书不在量多，而在深透。海量阅读确实有它的好处，可以获取信息、熏陶语感，但对于言语智慧的培养，未必有深读一两本经典更有效。我们老师读书应坚持"一本书主义"。"一本书主义"是由中国现代女作家丁玲提出来的，本是指一个作家必须写一部立得住、传得下去的书，要有一本足以支撑自己的书。但如果用于读书，则是指一个人必须深读一本经典好书，成为这本书的权威和专家。而要达到这地步，必须掌握钱钟书先生所说的"打通"的读书方法。将这本书与其他书打通，将书里与书外打通。黄老师就是这样做的，他读《论语》，反复阅读，结合名家读解进行斟酌思量，并以自己的人生阅历读之解之，终成《论语读人》一书。《论语》里的智慧，已被黄老师淬炼成自己的人生智慧。这样的读书，即便只读一本，也能抵上有些人读数十上百本。

第二句话：主张"源头阅读"，读些根本的书籍。

黄老师说："我定下的读书原则是：要读的书实在太多，我只能读急着要用的；中国的书和外国的书我来不及读，就先读中国的；古代的和今天的书我读不完，就先读古代的；古代的书也很多，我就先读两三本非读不可的。"虽然黄老师不大看重国外的书和今天的书，但这样的取舍倒解决了我们老师读哪些书、读书时间少的问题。黄老师认为中国文化的发展都能从孔子、老子那里找到源头，如果不从源头阅读而从半中间横插进去阅读，往往难以窥见全貌，把握真义。

黄老师肯定了玖玖雅集"为学生读书，为自己读书"的主张，并提出要"为课堂读书"。他结合平常听课的情况，发现诸多问题出在老师不读书这个根子上。比如有些老师认为《秋水》就是完整的一篇，而不知全文原貌。黄老师还指出我们常用的一些俗语的含义已不再是它的本义，如"言必行，行必果"，本义并非我们现在所理解的，孔子的原话是"言必信，行必果，硁硁然小人哉！"意思是，说话一定守信，做事一定有结果，这是浅薄固执的小人啊！换句话说，孔子对"言必信，行必果"并不是十分欣赏的，孔子主张因时而变，不可拘泥守成，是一种更为可贵的思想智慧。从母语的源头来阅读，我们才能不断去"蔽"。

第三句话；主张有痕阅读。

一是书上有痕。黄老师讲自己读书时，喜欢在书上圈圈画画，写些零碎的感想。二是嘴上有痕。读了以后最好找人"吹吹牛"，对书上内容择其精华讲给别人听，这种阅读会取得较好的效果。三是心中有痕。要多去思考琢磨，反观人生，在心灵上留下痕迹。

黄老师的发言虽然只有四十多分钟，但切中了读书的要害。黄老师是一位智慧型名师，他的智慧不仅体现在教学上，还体现在读书上。从源头读书，将原典读深读透，是他一贯的读书主张。

做读书笔记有学问

很多语文学习高手都有一个共同的特点，那就是坚持做读书笔记。做读书笔记对提高语文素养有极为重要的作用，老师们也很重视，但在教学中，我们却无奈地发现，读书笔记成为了学生的应差任务，成为了老师们的"鸡肋"。究其原因，一是认知方面，师生没有真正认识到读书笔记对提高写作水平和语文素养的重要性；二是策略方面，教师缺少有效的指导，没有帮助学生体验到做阅读笔记的乐趣。

《名师点评：为生命松绑——一个高考作文满分学生的阅读笔记》一书，是白杏珏同学的读书笔记，由史金霞老师点评。白杏钰同学阅读品位不俗，无论是周国平、史铁生、张承志、简媜、梁文道，还是梭罗、纪德、尼采、卡夫卡、乔布斯，莫不来自古今中外杰出的智者、思想家和作家的群落。她还有幸遇见了斯塔夫阿诺斯这样的历史学家、陈之潘这样的科学家，开始感觉到文化在历史中不可动摇的地位，知道在文学中可以寻找历史的痕迹。

白杏珏同学在给学弟学妹们介绍阅读写作经验时说："进入高中后，我养成的最好的阅读习惯便是做阅读笔记。以前我读书，读过之后不会做任何记号，常常会忘记自己读过的某些精彩段落。在老师提出做阅读笔记的建议后，我开始实施这个方法，并很快地喜欢上做阅读笔记。我做阅读笔记并不是单纯地摘抄，而是每抄一段便会用不同颜色的笔写上一小段自己的感悟，有时候我的感悟甚至写得比摘抄的段落长得多。这样一来，我做阅读笔记，不仅能反复品味精彩的段落，还能不时地练一下手写点东西，在过了一段时间之后还能拿出笔记本重读，一举多得。"

阅读既是一种"物我回响"，也是一种自我发现、自我觉解的过程。倡导阅读笔记写作的最大理由与好处，正如余秋雨所说："概括全书的神采和脉络，记述自己的理解和感受。这种读书笔记，既在描述书，又在描述自己。"我们通常把读书仅仅简单理解为获取知识，看重的是"让我了解你"（"描述书"），而不知道读书也是在创造知识，更要看重是否"你也因此了解我"（"描述自己"），是否也把我心中的东西说了出来。这大概也是"六经注我"和"我注六经"的区别吧。诺贝尔文学奖得主赫尔曼·黑塞曾经说过："我们得先向杰作表明自己的价值，才会发现杰作的真正的价值。"你心中有什么，才能从书中读到什么。

于是我们可以说，"读"在某种意义上也就是"写"，仿佛那是在"写"自己所要说的一段话；"写"在某种意义也可以说是"读"，仿佛是在"读"着自己心中早已存着的一段文字。这和海德格尔所说的"讲本身就是听"，"讲是对我们所讲的语言的听"，是同一个道理。

下面简单介绍几种做读书笔记的类型。

品评式

前面所举杏珏对作者、文本的感觉，都可以归入这一类。这是对所读的归纳、概括，也是一种个人感受，是第一印象——对"初感"的提取、提炼。可以是感性的体验，也可以是理性的感悟。准确、中肯，是其基本要求。

「例 1」文学应当是作家心中最后的堡垒。一个作家很难做个完人，但是他至少对自己的文学要做到真诚。不应当有作文或为文等概念，作品应当是作家淋漓的心血。为了这样的作品作家才活着，为了这样的作品青春被点燃，生命被耗尽。为了追求这样的作品：作家眼中只有一片辉煌的幻彩，而绝不会看到红地毯和金钱；为了保卫这样的自己的作品，哪怕是最弱小的作家也敢挺身而起，一直牺牲到自己心跳的最后一下。

——《又是春天》

白批：掷地有声。我感觉到了一种专属于张承志的硬气。谁说文人必是娇弱无能的，中国文人只是大多成为了政治附庸，才不免多了圆滑和长袖善舞之感。张承志，是难得的敢于脱离束缚的作家，使文学成为文学，而不是一如千百年来中国所推崇的、文为政的附庸，又或者文为名利的附庸。逃离是一种勇气，寻梦更是一种勇气，张承志也许不是伟大的作家，但他至少具备了一个伟大的作家所必须具备的一种对于文学的热情和责任感——为文学，牺牲到最后。

应和式

应和式的汲取，是丰富、超越自我的最佳方式。尤其是青少年读者，所面对的作者，大多是阅历、知识、智慧比自己远为丰厚的年长者，"应和"，势必获益良多。从这个意义上说，阅读就是缩小阅历、知识的落差，意味着人的超前成长、成熟。

「例2」最悲哀的是，明明心里延续着梅雨，脸上却必须堆垛着虚伪的明朗。

——简媜《问候天空》

白批：以为可以释怀，不过是自欺欺人的期待，有时确实是笑着，也开心着，暂时亮了几秒的阳光。可到了某些时候，烦躁与压抑是那样袭上我心里，攻城略地，溃不成军。原来伤害可以是一场持久战，如延续着不断的梅雨，久久不散。如简媜所言，最悲哀的是，我不再是孩子，于是不能放声大哭跺脚吵闹，于是只能在脸上堆砌起虚伪的晴朗，为了表现出坚强，为了不让别人失望，这时候感觉很悲哀吧。

「例3」其实，只有安静下来，人的心灵和感官才是真正开放的，从而变得敏锐，与对象处在一种最佳关系之中。

——周国平《品味平凡生活》

白批：总觉得夜深了写文章是件很美妙的事，如果不困倦不疲乏，又极度安静的环境下，放一首歌，写一段文字，应该是心最舒缓的时刻。而那些夜半书写下的文字在日后看来，总有一份难得的从容沉静。夜深，心静，我也就逐渐放纵自己沉入那个美妙的文字世界。在喧闹的环境下写作至多是一种证明。

探究式

探究，指的是对文本隐秘的含义、道理、规律、因果等的揭示。

「例4」创造是"用生命去交换比生命更长久的东西"。这样诞生了画家、雕塑家、手工艺人等等，他们工作一生是为了创造自己用不上的财富。没有人在乎自己用得上用不上，生命的意义反倒是寄托在那用不上的财富上。

——周国平《走进一座圣殿》

白批："创造"与"劳作"的不同在于，创造是创造者主观意愿促使的，而劳作是劳作者客观环境所支配。这样的不同自然会造成心态的不同，从而使得制造出的物件在本质上就有了优劣之分。我们能使用的东西仅仅能背负起"生存"二字，而不能使用的，往往足以承担"生命"二字。

白杏珏对原文的中心词"创造"进行诠释，她引入了"劳作"作为参照，"同中求异"，指出两者的差别在于："创造是创造者主观意愿促使的，而劳作是劳作者客观环境所支配……"这么做的目的，是要探究"用不上的财富"——不能使用的，何以比"能使用的东西"更有价值，因为前者足以承担"生命"二字，后者只能背负起"生存"二字。

延展式

阅读好比接力赛，先是看别人跑，跃跃欲试，也想接着跑上一程。

「例5」我宁愿坐在一个南瓜上，一人独占，也不愿挤坐在一个天鹅绒的垫子上。我宁愿在大地上乘坐空气自由流通的牛车，也不愿坐在观光火车的豪华的车厢里，一路呼吸着污浊的空气上天堂。

——梭罗《瓦尔登湖》

白批：我宁愿靠近大地而不是靠近楼阁，我宁愿尽一个凡人的职责、享一个凡人的幸福而后死去，而不愿将一生抛掷于滚滚红尘之中。

「例6」看到一个大气的人，好比行走于莽莽野草之地，忽然撞见一棵森茂大树……也在微风习习中，聆听了千叶万叶相互的交谈。

——简媜《大气》

白批：我也很欣赏大气之人。大气，但不傲气，举手投足之间自有一份气度惹人艳羡。简媜对大气之人的阐述很是切中要害，那些人，不争，不是因为不敢争，而是为人留道路；不让，不是不想让，而是坚守着原则。应是如参天大树一般，质朴的魅力，这样才能遮蔽一方水土，逍遥千年万年。

认识读书笔记的不同类型，可以帮助我们更好地指导学生做好读书笔记。我们可以搭设发表、交流读书笔记的种种平台，激发学生做读书笔记的热情。

激发孩子自由阅读的兴趣

　　班上曾有一位女同学，上我的语文课常常做其他科作业，而比这更让我气恼的是，她每次语文考试都稳定在前几名，从来没给我留下一次奚落她课上不认真听讲的机会。高考，她照样考得很不错。她读大学后，有次遇见她，聊起她的高中学习来，我问她："也没见你课上好好听讲，课后也没在语文上多花功夫，但你语文怎么会学得这么好？"她笑了，告诉我高中语文考试凭的是初中打下的底子，因为她不喜欢听初中语文老师的课，而语文老师又不允许她在课上做其他学科的作业，于是她只好在语文课上读青少年版的世界名著，一本读完再到图书馆去换借另一本。就这样，她在初中大概读了三四十本好书。

　　奥秘原来如此简单，却让我们语文老师很沮丧：一个中学六年没好好听课的学生，照样能将语文学得很好。

　　如果说这还仅仅是一个特殊的例子，那么下面这个通过大量研究所得出的结论则不得不引起我们的深思。在《阅读的力量》一书中，斯蒂芬·克拉生教授通过大量研究资料揭示了一个残酷的事实：大部分老师花了大量时间，在课堂上教字词句、语法规律、语文知识、阅读方法，基本上是浪费时间，远不如让孩子自由阅读成绩更突出。该书还通过大量数据指出，实施自由阅读方案只要超过一年的时间就会成效明显。

　　自由阅读带来优秀的例子不少。2011年福建省高考满分作文的作者白杏钰便得益于自由阅读。在《名师点评：为生命松绑——一个高考作文满分学生的阅读笔记》一书中，我们惊讶地看到白杏钰读书笔记里所涉及的作家不下 60 位，有梭罗、纪德、尼采、卡夫卡、兰姆、狄金森、惠特曼、王尔德、蒙田、斯塔夫阿诺顿斯、林语堂、梁遇春、周国平、史铁生、张承志、筱敏、简媜、张晓风、梁文道、祝勇、仓央嘉措、安意如……白杏钰具有绝大多数高中生所难以具有的开阔的阅读视野，不仅如此，她还通过读书笔记与作者进行心灵对话，真正将文字读到自己的生命中去。

上海位育中学郝宇骢的阅读量可以与白杏钰媲美，他曾列出高中阶段自己的阅读书目：《呼啸山庄》《罪与罚》《地下室手记》《在轮下》《恶棍列传》《阿莱夫》《雪国》《一个孤独漫步者的遐想》《堤契诺之歌》《昨日的世界》《为什么读经典》《吉檀迦利》《顾城的诗》《庄子今注今译》《宋诗选注》《人间词话》《唐诗杂论》……这样的阅读量同样惊人！郝宇骢后考取美国普林斯顿大学，当年他写的高考作文《他们》几获满分。

北京十一学校校长李希贵早年在做语文教师的时候，曾经尝试改变语文学习模式，把既有的 6 节语文课改为 2 节老师上课、4 节学生阅读。这项改革非常成功，学生爱上了阅读，爱上了语文，语文成绩提升很快。让学生自由阅读，老师首先要改变观念，认识到：语文不是教师教出来的，而是学生在教师的引导下通过大量阅读熏陶出来的。

尽管杂志、微信等也可以作为自由阅读的对象，但从提升阅读能力出发，自由阅读最好以整本书为对象。1941 年，叶圣陶在《论中学国文课程标准的修订》一文中明确提出"让学生读整部书"的主张，他说："把整本书做主体，把单篇短章作辅佐。"他认为，如果有整本书作教材，那么，在中学阶段虽然只能读有限的几本书，但是那几本书是真正专心去读的，学生这就养成了读书的习惯。读整部书还可以进行各种文体知识的研讨及文体阅读的训练。另外读整部的书，学生阅读的心理更加专一，阅读效果更好。

多项研究表明，自由阅读更能开发大脑潜能，使人变得聪慧。作为语文老师，第一善事就是激发学生自由阅读的兴趣。那么，如何激发学生自由阅读的兴趣呢？

多提供学生与好书亲近的机会。克拉生的研究表明，学生接触书的机会越多，自由阅读也越多。因此，语文老师应充分发挥学校图书馆、阅览室及班级图书角的功能，多将好书推到学生面前。不少学校的图书馆、阅览室的图书及杂志长期没有更新，难以满足学生阅读的内需。在这种情况下，语文老师可自己动手，组建班级图书角，让学生自愿捐书或用班费统一购买，购置适合学生且学生爱读的好书。

多提供学生自由阅读的时间。不要指望学生课后进行自由阅读，当然，也有少数学生会在课后进行自由阅读，但多数学生缺少自觉阅读的意识。因此，语文老师最好在课上组织学生自由阅读，先燃起学生阅读的火种。每周拿出一两节课让学生自由阅读，有条件的学校还可以用每天固定的时间让学生自由阅读。

多提供自由阅读的分享平台。交流分享是激发学生自由阅读兴趣的好手段。交流者可以加深对书的理解，而倾听者也间接获得了对书的认识，且引发了对该书的思考或阅读兴趣。多给学生提供聊书的平台，有利于营造良好的阅读氛围。

此外，树立读书典范也是不错的方法。在中小学阶段，学生的年龄越大，同伴所发挥的引领作用也越大。可以通过评选"读书之星"等方式，激发学生的阅读兴趣。

自由阅读并不等于教师完全放手。事实上，如果教师对学生的阅读完全放手，不进行任何指导，学生自由阅读的热情会降低，并且在选择读物和提高阅读效率方面也会出问题。因此，学生的自由阅读，也需要老师的积极参与。唯此，学生自由阅读的兴趣才能保持。

第四辑
来一次思想的远行

有人把 thinker（思想者）译为"醒客"，
这是音义两恰的妙译。
做快乐的醒客吧，
虽然会有痛苦、会有不安，
但不满足的苏格拉底比满足的傻瓜幸福。

寻找教育的精神家园

——读《理想国》

　　柏拉图，古希腊伟大的哲学家、思想家、教育家，出生于雅典一个名门望族家庭。20 岁左右，柏拉图拜苏格拉底为师，深受其思想的影响。公元前 399 年，苏格拉底被统治雅典的民主派处死后，柏拉图被迫流亡国外。在广泛的游历和长期的思考中，柏拉图的思想逐渐成熟。公元前 387 年，他在回到雅典后创立了学园。之后 40 年，柏拉图将他的心血都献给了教育事业。作为与卢梭的《爱弥儿》和杜威的《民主主义与教育》齐名的教育史上的三大里程碑之一，《理想国》集中体现了柏拉图的教育思想，并对后世产生了极大的影响。正如黑格尔所言，柏拉图的《理想国》是西方教育思想的精神家园。走进《理想国》，我们可以沿着柏拉图的指点，找寻教育的精神家园。

教育：灵魂转向的艺术

　　柏拉图明确反对那种灌输知识的教育观念。"他们能把灵魂里原来没有的知识灌输到灵魂里面去，好像把视力放进瞎子的眼睛里去似的"，是不切实际的。在他看来，人生来就有一种获取知识的能力，例如眼睛有视力，耳朵有听力；但是只有当整个身体和灵魂转变方向，转离黑暗、转向光明时，才能见到事物本身而不是认识事物的影像。

柏拉图用著名的"洞穴喻"来说明教育是如何使灵魂转向的。他的比喻大体如下：一群囚徒住在一个洞穴里，该洞穴有一条长长的通道通向外面，可以让和洞穴一样宽的一路亮光照进来。这群囚徒的身体受到束缚，不能走动也不能转头，只能看着洞穴后壁。在他们背后远处高些的地方有些东西在燃烧并发出火光。在火光和囚徒之间，有一堵矮墙。有人拿着各种器物举过墙头，从墙后走过。这样，囚徒就会把他们所看到洞壁上的阴影当成真实的事物。如果其中有一个人突然被解除了桎梏以致能够看到后面的火光，他的眼睛会感到痛苦，看不见实物。如果有人硬拉他走出洞穴，他会见到阳光，经过适应，他逐渐看清了洞外的各种实物，乃至太阳本身。这样，他就可以直接看到实物本身了，并且明白太阳是他看到一切的原因。

　　洞穴内的世界是可见世界，洞穴外的世界则是可知世界，而洞穴外的太阳就是最高的"善"的理念。那些身体受着束缚不能动弹的囚徒，如同没有受过教育的人，他所能看见的只是事物的影像而不是事物本身。而受过教育的人，就是挣脱了身体的束缚，转过身来，面向火光、面向事物真相的人。只有他们才能看到实在，认识真理，认识善的理念。教育的任务，就是引导受教育者的灵魂转向，由可见世界转向可知世界，从而看到最高的理念——善。

"哲学王"是这样造就的

　　在对一般公民和统治者的教育之间，柏拉图更重视对统治者的教育，认为对统治者的教育是决定性的，他们心灵的善决定国家政治的善。"哲学王"的概念正是在这样的基础上提出的："除非哲学家像王一样统治，或者我们称为统治者或领导者的人能够真诚地、适当地进行哲学思考，即是说，直到政治权力和哲学完全结合。"那么，"哲学王"是如何造就的呢？

　　从幼年至十七八岁这个阶段，儿童主要接受音乐和体育教育。柏拉图认为，音乐可以陶冶儿童的心灵，形成灵魂和谐美；体育可以锻炼身体，形成身体的形态美。同时指出，音乐和体育教育共同服务于灵魂的培养，两者应结合进行。

在十七八岁至二十岁这一阶段，主要是对学生进行军事教育，培养学生的勇敢的美德。在军事训练之外，还要学习"四艺"，即算术、几何、天文、音乐，不过这些内容都是围绕军事目的而展开的。在此阶段，进行第一次选拔，那些在学习、战争中表现优异的青年可以继续学习，其余的则成为军人。

在二十岁至三十岁这一阶段，学生主要学习"四艺"。不过，此阶段的"四艺"学习，主要是为学习辩证法作准备。如学习算术是为了使灵魂转向"理念世界"，学习几何是为了"认识永恒事物"，"把灵魂引向真理"。在此阶段，进行第二次选拔。那些天赋极高的极少数人，经过考试后，可以学习辩证法。

在三十岁至三十五岁这个阶段，学习的科目是辩证法。柏拉图认为辩证法处于整个教育体制的顶点，能够指导人认识理念世界，只有极少数的善于抽象思维的人才适合研究辩证法。在该阶段，进行第三次选拔，那些能跟随真理达到实在本身的人，将被派去担任公务，让他们在实践中接受锻炼。

在三十五岁至五十岁这一阶段，主要让他们在指挥战争和担任其他公务的实践中获得丰富的实际经验。到五十岁时，那些在实际工作和辩证法学习中都表现优异的人接受最后的考验。当他们的灵魂转向上方，看见善本身时，他们将被选为城邦的最高统治者。

至此，柏拉图的最高教育目标——"哲学王"的培养终于宣告完毕，真理和权力合而为一，一个正义的城邦将得以实现。

借柏拉图的慧眼看世界

哲学作为人类文明的不可或缺的部分，是所有社会科学和自然科学的统率。"有了哲学，你看世界的眼睛将更明亮"，"两千年的西方哲学都是柏拉图的注脚"，可见柏拉图的哲学思想对后人的影响之深。

苏格拉底认为人类应当不断地追求智慧、追求真理，并倡导一种获得知识的方法，即提出定义并通过讨论或辩驳对之进行检验，从而弄清楚事物的本质。柏拉图的《理想国》就是通过苏格拉底（代表柏拉图本人）和谈话对手的反复诘难来寻求真相的推理过程。我们所熟悉的"辩证法"与柏拉图的"辩证法"相去甚远。在希腊文中，"辩证法"的本义是"来来回回"地"说"，就是通过一问一答的对话，对同一论题进行正反论述，将论题层层推进，抽丝剥茧，最后得出真理。辩证法就是通过对话达到真理的方法。柏拉图的著作几乎都是"对话体"，而"对话体"表现了古希腊辩证法的精髓。

辩证法是柏拉图学园中训练学生的主要方式。基本程序是这样的：问的一方首先说出这个题目，答的一方对题目做答。当其做出回答之后，问的一方要对该回答进攻，进一步提出问题，他必须以反方的回答作前提，对此进行推论，而反方要维护原来的回答。当问方能从答方提供的答案中推出一个相悖的结论，就说明答方的答案有误。苏格拉底的问答法是希腊辩证法的典型。在《理想国》中，我们能够充分领略辩证法的魅力。

我想，如果不是生活在古希腊那样盛行辩论的国家，又怎能出现苏格拉底、柏拉图这样的英才？古希腊人在食不果腹的生活条件下，仍有闲情看星星、谈月亮，讨论哲学问题，现代的一些人整日为名利劳累，岂不令人愧叹？

借助柏拉图的慧眼，我们将拂去物质的幻影而直抵理念的实在。这是一条充满艰辛的寻求智慧的路程。沿着这条路，我们必能找到教育的精神家园！

帮助孩子成为自由的人

——读《爱弥儿》

重读《爱弥儿》，我深深认可这一评价：只要柏拉图的《理想国》和卢梭的《爱弥儿》存于世，纵使其他的教育著述尽毁，教育园地亦是馥郁芬芳的。

1712 年，卢梭出生于瑞士日内瓦，父亲是钟表匠，母亲在生下卢梭后即去世。卢梭家境贫寒，当过学徒、仆役，一辈子颠沛流离，辗转流浪。他崇尚自然，行为不拘，率性而为；他情感丰富，才华横溢，性情浪漫。流浪生活和只受过两年正规教育的经历，反而保存了卢梭的自然天性，使得他能独立于时代之外，以异常冷静、犀利的眼光打量着当时社会。从《论科学和艺术的复兴是否助于敦风化俗》这一著作开始，他对封建教育就展开了激烈的抨击。1762 年，"构思 20 年，撰写 3 年"的《爱弥儿》一书在荷兰的问世引起了当时法国最高统治阶层的一片惊恐，巴黎教会发出通缉令，《爱弥儿》被当众烧毁，然而在伦敦却出现了抢购风潮，随之迅速传播到整个欧洲，"归于自然"更成为盛行一时的流行语。康德由于阅读《爱弥儿》入了迷，四十年来第一次忘了每天下午按时散步的习惯。

判断《爱弥儿》的思想价值，必须结合当时的时代背景。十八世纪的法国教育仍然处于教会的统治之下。压抑儿童个性的发展、学习内容脱离生活实际等封建教育的弊端，既严重妨碍人的发展，也危害到社会的进步。卢梭在《爱弥儿》中痛斥法国教育的种种弊端，在序言中说："很早以来就有人大声反对这种旧有的教育方法了，可是从来没有人准备提出一套更好的来。"《爱弥儿》，既是讨伐封建教育的一篇檄文，也是建立新教育的理想设计。

卢梭的教育思想，可以概括为"自然教育"。所谓"自然教育"，就是以儿童的内在自然或天性为中心的教育。认为人生而自由，只是进入社会之后才逐渐失去了自由。人性本善，只是社会把人变坏了。他认为人不因地位高低而异，人生而秉承自由、理性和良心三种天性，性善是每个自然人所共有的。人之为恶，并非天性所为而在于后天的教化不良。全书的第一句即开宗明义，表明了他"自然教育"的主张："造物主创造的世界万物，原本是美好的，但人类毁坏了这一切。"

建立在这种哲学人性观的基础上，卢梭以人的自然本性为基础，以发展儿童的自然本性为目的，强调爱护儿童，顺应儿童身心发展的内在自然，按其身心发展的自然进程进行教育。"在万物的秩序中，人类有它的地位；在人生的秩序中，童年有它的地位；应该把人看作成人，把儿童看作儿童"，他反对对儿童进行拔苗助长式的教育："大自然希望儿童在成人以前就要像儿童的样子。如果我们打乱了这个次序，我们就会造成一些早熟的果实，它们长得既不丰满也不甜美，而且很快就会腐烂：我们将造成一些年纪轻轻的博士和老态龙钟的儿童。"

卢梭根据人的成长规律，分别提出婴儿期、儿童期、少年期和青年期的教学内容，尽管有机械割裂的弊端，但其总体思想值得借鉴。比如，他认为2至12岁的儿童，处于理性睡眠阶段，应以感官教育为主。卢梭反对洛克用理性教育儿童的主张，反对强制儿童学习空疏无用的、他们不理解也不喜欢的纯粹知识，主张创造合适环境，激发学生的学习兴趣，让他们在经验中去学习。

卢梭还非常关注学习的兴趣："问题不在于教给他各种学问，而在于培养他有爱好学问的兴趣，而且在这种兴趣充分增长起来的时候，教他以研究学问的方法。毫无疑问，这是所有一切良好的教育的一个基本原则。"

仅以教爱弥儿跑步为例。爱弥儿和老师散步时，老师在口袋里放两块爱弥儿挺喜欢的点心，然后一人吃一块，吃完回家。一次，老师带了三块点心，建议将多余的一块给旁边玩耍的孩子，方法是让那些孩子赛跑，跑得快的就可以获得点心。常常看到别人吃点心，爱弥儿馋坏了，他也开始悄悄练习跑步，并向老师提出参加赛跑。老师在爱弥儿第一次赛跑时，故意将他的路程划得最短，使爱弥儿如愿以偿。初尝成功的喜悦，使爱弥儿对跑步的兴趣越来越浓。每次赛跑都是由老师划定各人的路线，有长有短，而且逐渐让爱弥儿明白这个"秘密"，并允许爱弥儿先挑选。为了获得比赛的胜利，爱弥儿一开始用脚步去丈量路线的长短，但发现很耗时，只能练习用眼力去测距。经过几个月的训练，他的眼睛变成了目测仪，以至老师随便把一块点心放在很远的地方，爱弥儿一看就知道多少距离。

不得不佩服卢梭教育的良苦用心。教爱弥儿跑步这样一件看似简单的小事，卢梭也设计得如此艺术、充满智慧。这个事例至少透露了两种教育理念：关注学生获得学问的兴趣，在学生尚未产生兴趣时，施教方宁可"浪费时间"去等，也不可迫不及待地去进行教育；让学生在实践中学习，体验获得知识、增长能力的过程。这样的教育尽管"缓慢"，但能激发学生的求知热情和学习兴趣。

一直以来，我坚信：人接受教育是为了获得幸福。卢梭的《爱弥儿》也可看作是一本有关幸福的书。卢梭认为，"我们的痛苦正是产生于我们的愿望和能力不相称"，非自然发生的愿望超过自身体力的允许范围，则会造成痛苦。"把你的生活限制于你的能力，你就不会再痛苦了"，要获得快乐和幸福，就应当尽可能保持在天生的自然状态，因为"人愈是接近他的自然状态，他的能力和欲望的差别就愈小，因此，他达到幸福的路程就没有那样遥远。"卢梭强调通往幸福之路，就是尽可能减少自身欲望、需要。

卢梭对幸福的诠释是建立在对人性、对社会的深刻洞察的基础上，他指出"人生而自由，却无往不在枷锁之中"，因此认为"在所有一切的财富中最为可贵的不是权威而是自由。真正自由的人，只想他能够得到的东西，只做他喜欢做的事情。这就是我的第一个基本原理。只要把这个原理应用于儿童，就可源源得出各种教育的法则"。这一教育法则，概而言之即是"让学生自由发展"。

《爱弥儿》一书出版后，对后世教育的影响是巨大而深远的，它被看作是新旧教育的分水岭。杜威曾说："我们现代追求的教育进步，其要点已被卢梭一语道破。他认为教育不是把外面的东西强迫儿童或青年去吸收，而是要使人类与生俱来的能力得以生长。卢梭以后的教育改革家无不注重从这个观念出发，去进行种种的研究。"当然，《爱弥儿》中的教育思想有些过于理想化，有些论点有随意化、绝对化倾向，我们在吸收时不可全盘照搬。

教育就是不断生长

——读《民主主义与教育》

如果要谈曾经对人类世界产生过巨大影响的思想家们，约翰·杜威（1859—1952 年）一定会在其中占有一席之地。杜威作为实用主义哲学最具影响力的代表人物和实用主义教育思想的创始人，不仅在现代西方哲学史和教育史上占有重要的位置，而且对于中国来说，更具有特殊的意义。

1916 年杜威出版的《民主主义与教育》一书，全面反映了其对教育的深刻认识，对美国和世界二十世纪的教育理论和教育实践产生了深远影响，被西方学者公认为是与柏拉图的《理想国》、卢梭的《爱弥儿》齐名的人类三大教育瑰宝之一。

杜威认为："'生活'这个词乃是用来指明个人的与种族的全部经验。"而且，个人的与种族的经验是在不断更新的。而要使之不断更新，必须通过教育。他说："在最广泛的意义上，教育乃是社会生活延续的工具。"在杜威看来，要使社会继续存在下去，教育就是必需的事情。

杜威认为，生长是生活的特征。对于处于未成熟状态的儿童来说，每个人都有生长的可能性。他说："教育就是不断生长。"这一观点是针对当时的教育时弊而提出的。杜威发现人们常常认为儿童期十分匮乏，实际是用成年期作为一个固定的标准来衡量儿童期。而在杜威看来，教育即不断生长，教育的目的在于增强人生每个阶段的生长能力，既不要把成人作为固定的标准来衡量儿童时代，也不要把儿童时代理想化。

杜威还强调："教育的过程，在它自身以外没有目的；它就是它自己的目的。""教育无目的"，实际上是反对来自教育过程之外强加的目的，而不是认为教育是无目的的。如果学校教育将上级机关的一些目的强加于儿童，就会压抑、阻碍学生的自由发展。杜威认为，学生充分生长本身就是民主主义教育的目的。

杜威说："民主不仅是一种政府形式，它首先是一种共同生活的方式，是一种共同的交流和分享经验的方式。"民主教育的益处，不仅在于为民主社会培养具有选举政府并遵从政府的倾向和兴趣的公民，更在于使公民个体在民主共同体的生活中能力得以解放和自由发展。

杜威所提倡的民主生活方式的理念，是基于改良当时民主社会的思考。对于当时民主社会出现的问题，杜威反对进行整体性的"根本变革"，而是主张"东一块西一块零零碎碎的进步，是零卖的，不是批发的"。杜威认为，民主社会的维持与改善，依赖于教育。与柏拉图"等到由哲人王领导的理想国的出现时，才能出现理想的教育"的观点不同，杜威认为教育与政治社会的关系是相互影响、相互推动的。因此，学校教育应尽可能让学生过上民主生活。

杜威说："我们能给哲学下的最深刻的定义就是，哲学是教育的最一般方面的理论。""教育乃是使哲学上的分歧具体化并受到检验的实验室。"在他看来，如果一种哲学理论对教育上的努力毫无影响，那么，这种理论必然是矫揉造作的。真正的哲学总是要造成有影响于人生的智慧，而教育正是一种智慧训练的过程。因此，他强调说："哲学、教育和社会理想与方法的改造，是携手并进的。"

在道德论上，杜威反对内在意识和外在行为的二元论，主张道德意识与道德行为是统一的，认为"知识没有融入行动的动力系统之中，没有融入人生观之中，道德就变成了道德说教，成为单一德行的大杂烩"。由于学生直接从经验中获得的知识对道德行为最有影响，一切能发展有儿童参与社会生活的能力的教育，都是道德的教育。因此，杜威的德育原则是"在活动中培养儿童的道德品质"。

"在做中学"，可以说是杜威教育思想的核心内容。"在做中学"，也就是在"经验"中学习，强调让学生放手去做，解放学生的身体，让学生融入到对知识的发现和探究的过程中去，在"做"的过程中学习和掌握知识。"学生的身心发展是统一的，我们不应该把身体活动看做是和精神活动毫无关系或是对精神活动的一种干扰。""经验表明，当儿童有机会从事各种调动他们的自然冲动的身体活动时，上学便是一件乐事，儿童管理不再是一种负担，而学习也比较容易了。"杜威主张建立一种发展学生个人的首创精神和适应能力，培养学生的主动性、独立性和富于智慧等积极品性的现代教育，通过引导学生参与实践活动并在实践活动中掌握知识，增长技能，然后通过思考从感性认识上升到理性认识。

　　为了论述对教育价值的看法，杜威批判了教育价值问题上的各种二元论：劳动与闲暇、知与行、自然与人、个人与世界、职业与文化……他反对极端性的武断划分，而是力求在二元间建立联系，寻求平衡。比如，对于个人与世界的二元对立，杜威的看法是："一个进步的社会应该把个人的差异视为珍宝，因为它的生长依赖于个人的差异。所以，一个民主主义社会要符合它的理想，就必须在它的教育计划中容许个人的自由，使个人特殊的天赋和兴趣都得到发展。"

　　直到今天，杜威的教育思想依然闪烁着智慧的光芒。我国著名的教育家陶行知先生，就是借鉴了杜威的教育即生活、生活和经验改造的思想以及教育要从儿童的现实生活中进行，针对教育对儿童创造力的压制，提出了"敲碎儿童地狱"的"六大解放"思想。

　　然而，也必须明确地指出，由于受到实用主义哲学观和资产阶级政治观的限制，杜威在《民主主义与教育》一书中也反映出他对教育的一些错误观点和片面认识。如在学校生活方面，他提出了以儿童为中心，一切必要的教育措施都应该是为了促进儿童的生长。应该看到，这种观点尖锐地批判了传统学校教育忽视儿童本性的问题及其症结。尽管杜威也指出教师不应该采取"放手"的政策，不要对儿童予以放任，但是，他过分强调了儿童及其本能活动在学校生活中的地位，从而不能正确地解决儿童与教师的关系问题。布鲁纳曾这样指出："教育必须从'心理上探索儿童的能力、兴趣和习惯'开始，但是，一个出发点并不就是整个旅程。为了儿童去牺牲成人或为了成人去牺牲儿童，其错误是相同的。"

当然，对于杜威的教育思想，做任何简单肯定或否定的评述，显然是不够公允和客观的。曾有学者指出，只要考试制度仍然存在，杜威的教育思想就依然散发它的魅力。美国教育学者罗思指出："未来的思想必定会超过杜威……可是很难想象，它在前进中怎样能够不通过杜威。"因此，在对现代教育进行探索的过程中，我们无法绕过杜威这座高峰，但我们却又必须跨越这座高峰！

爱，是一门可以学习的艺术
——读《爱的艺术》

在人类的历史长河中，有一类思想者，他们的书能够影响读者的一生。艾里希·弗洛姆无疑就是这样的思想者。再次捧读他的代表作《爱的艺术》，我的心不断地为一种博大、慈爱的情怀而激荡，书上再度留下了我众多的圈画痕迹。这是一部每次读都能给你留下思索、带来震撼的书！

"如果不努力发展自己的全部人格并以此达到一种创造倾向性，那么每种爱的试图都会失败；如果没有爱他人的能力，如果不能真正谦恭地、勇敢地、真诚地、和有纪律地爱他人，那么人们在自己的爱情生活中也永远得不到满足。"简言之，一个人只有通过能力、人格和德行的提升，才能得到自己向往的真爱，这可以看作贯穿全书的一根红线和主题思想。正是在这一思想的指导下，弗洛姆提出了"爱是一门艺术"和"爱是需要学习的"的著名论题。尽管这本书没有专门讨论教育中的爱的问题，但我们在弗洛姆"爱"的母题的指引下，将探究的触角伸向教育领域，同样获益良多。

师爱，需要一种能力

爱普遍被人们认为是一种由意愿所控制的情感，但弗洛姆认为，爱并不是一种与人的成熟程度无关、可以轻而易举得到的感情。弗洛姆指出，在爱的问题上人们易犯的错误有：第一，把自己置于爱的被动地位，首先问"我被对方爱了吗？"而根本不去问自己是否有能力爱对方；第二，认为应该有爱的对象然后才会有爱，从而否认了爱的能力因素，亦即认为"爱本身并不难，难的是找到爱的对象"。

　　这两种爱的误区在我们老师身上也存在着。几乎所有老师都会在乎"我被学生爱了吗？"，而很少去反思自身是否具备爱学生的能力。而有些老师误将对优秀学生的爱，当作对全体学生的爱。他们认为，不能爱上所有学生，是因为总有些学生"让人爱不了"。其实，爱优秀学生不足为奇，爱所有学生、爱那些发展有障碍的学生，才是一种伟大的师爱。因此，我们老师不能将爱的希冀寄托在优秀学生的闪亮登场上，而忽视提高自身爱的能力。因为，爱是一种能力，与对象无关。让我们记住弗洛姆的论述："爱首先不是同某一个人的关系，而更多的是一种态度，性格上的一种倾向。""如果一个人只爱他的对象，而对其他的人无动于衷，他的爱就不是爱，而是一种共生有机体的联系或者是一种更高级意义上的自私。""如果我确实爱一个人，那么我也爱其他的人，我就会爱世界，爱生活。"

　　人们在爱的方面遭受失败的原因还有，"他们不仅需要爱，而且爱得也很努力、很投入，但却又认为还有比爱更值得他们去博取的东西，诸如地位、金钱、荣誉、权力等等，他们把这些东西都视为自己一生当中必须实现的目标，并为之殚精竭虑，无怪乎他们要成为爱这门艺术的门外汉"。在经济快速发展的当代社会，拜金主义几乎无孔不入，老师们也很难洁身自好。如果老师将地位、金钱、荣誉、权力等视作人生奋斗的终极目标时，尽管他对学生爱得很努力、很投入，但已经与真正的师爱渐行渐远。纯粹而高尚的师爱，拒绝物欲、权欲的干预。"只有当我爱那些与我个人利益无关的人时，我的爱才开始发展。"弗洛姆提供了师爱能力的检测标杆。

　　弗洛姆认为，"如果你在爱别人，但却没有唤起他人的爱，也就是你的爱作为一种爱情不能使对方产生爱情，如果作为一个正在爱的人，你不能把自己变成一个被爱的人，那么你的爱情是软弱无力的，是一种不幸"。这段话该令我们多少老师深思和反省啊！我想起了《中国式离婚》的作者王海鸰在剧中提出的一个观点：爱，是需要一种能力的！什么能力呢？这个能力不是说我爱我的爱人，我爱我的学生，这就是能力，王海鸽提出的爱的能力是什么呢？她说：那是让你所爱的人爱你，这是爱的能力。真正的师爱，绝不是一厢情愿式的单向的爱，而是能唤起学生的爱——对老师的爱、对他人的爱、对生活的爱。夏丏尊有句名言："没有爱的教育，如同池塘里没有水一样，不成其为池塘。没有情感没有爱，也就没有教育。"的确，教育不能没有爱，但爱不能解决所有教育问题。你爱学生，并不能证明你就是一位优秀老师。优秀老师的一个重要衡量标准，是可以通过老师的爱唤起学生的爱。

弗洛姆说，"我们整个文化基于购买欲上，基于互利交易的观点上"，"（我们）用现金或分期付款来购买他能支付得起的一切，同时也以同样的方式对待人"。因此，他提出，一个人要体验真爱，必须提高爱的能力。爱作为一种能力，包括以下要素：关心、责任心、尊重和了解。这四者相互依赖，而了解是其中的基础。"了解对方才能尊重对方"，"如果不以了解为基础，关心和责任心都会是盲目的"。对于如何了解，他说，"要深入事物的内部，而不是满足于一知半解。我只有用他人的眼光看待他人，而把自己的兴趣退居二位，我才能了解对方"。

相信学生的极限就是相信人类

弗洛姆说："尊重就是要努力地使对方能成长和发展自己，因此尊重决无剥削之意。我希望一个被我爱的人应该以自己的方式和为了自己去成长、发展，而不是服务于我。……只有在自由的基础上才会有爱情，正像在一首古老的法国歌曲中唱的那样，'爱情是自由之子，永远不会是控治的产物。'""成熟的爱是在保持自己和他人的完整性和个性的前提下的结合。爱使人克服孤独和隔离感，但同时又使人保持自己的个性，保持自己的完整性。"

虽然"发展学生个性"已成为新课程改革的一句时髦口号，但在实际教育教学中，我们老师依旧固守着心中"优生"的统一标准：听话守纪、成绩优异、品德良好。虽然我们也都认识到挖掘学生潜力、发展学生个性的重要意义，但当和我们心中"优秀"学生有别的个性学生出现时，我们又是否有胸襟去包容和欣赏？又是否有勇气去接受和培养？已经习惯在考试轨道中前行的教育工作者，又有多少人能够把真心的欣赏和赞美送给在这个轨道之外的"优生"呢？也许改变这个事实非一人一时之功，但弗洛姆一百多年前的告诫依旧如洪钟大吕般令人警醒："我希望被爱的人应以自己的方式，为自己的目的成长、发展，而不是来迎合我"，我们，以及整个中国教育是不是都应该感到脸红呢？

多元化，本是世界的应然面貌。一个遍地恐龙巨兽的时代注定灭亡。世界的美不是因为相同，而是由于差异。所谓个性化教育，就是尊重每个生命原有的形态，并力图使这天然形态的潜能尽情发挥出来。没有必要把小草培植成大树，把蚂蚁克隆为大象。我们甚至应当承认：做"差生"也是人生体验之一种，也是上天对个体的恩赐。老师只有一个任务——让所有学生在对生命的饱满体验中发展自己的潜能。伟大的师爱，就是让学生认识自我存在的价值，走向自我的丰富。

弗洛姆之深刻处在于，他站在人类学的高度，揭示了人类与自然、与他人、与自我分离的生存困境，并且否定了人类摆脱困境的努力方式——民主制的倡导和宣传。他毫不留情地揭开了"民主"、"平等"的温情面纱："虽然民主制度和专制的国家形式有区别，然而民主制度把人变成一个模式的程度也委实使人担心，造成这种现象的原因是人们总想通过某种方式实现同他人结合，如果没有别的更好的方式，那就只能采取同一群人同一的方式。""今天'平等'指的是机器——也就是失去个性的人的平等。平等意味着'一个模式'而不是'统一'。这是一个抽象体的同一模式，是做同样的工作、寻求同样的享受，读同样的报纸，有同样的思想感情的人的模式。……就像现代化的大规模生产要求产品规格化，社会的发展也要求人的规格化，并把这称为'平等'。"

这些论述振聋发聩，令我们每位教育工作者猛醒："伪民主教育"，不也是一种专制？只不过它是以一种温和的、不知不觉的方式使一方服从另一方，以"无名的权威"替换有形的权威，从而达到了使每个人几乎意识不到的一致。李镇西老师对"民主"有着异常清醒的认识，他提出"民主"必须与"科学"相结合，否则便是"伪民主"。

没有爱，师生一天也不可能生存！

《爱的艺术》中有一句话让我印象尤深："爱，是人类生存的答案。"

弗洛姆得出这一结论是基于人类存在的最基本的事实——人是一种既属于自然又超出自然的存在。人类一旦超出了自然界，便无法返回，只能向前。而理性又使人类认清了这一事实，于是产生了孤独感、分离感、恐惧感、焦虑感。在现代商品经济社会中，爱正遭遇瓦解和衰亡，爱不再是一种生命活动，而逐渐成了一种以市场原则为基础的公平交易。现代人很像英国作家赫胥黎在《美丽新世界》一书中描绘的样子："营养充分，穿戴讲究，性欲得到满足，但却没有自我，同他同时代的人也只有表面的接触。"而只有爱，才能拆除人与人之间的藩篱，才能使人克服分离，摆脱孤独感。"这种对人与人之间融为一体的渴求，是人类最强有力的奋斗的动力。它是最基本的激情，它是一种保存人类种族、家庭、社会的力量。"基于这种分析，弗洛姆提出，"没有爱，人类一天也不可能生存！"

弗洛姆认为，爱的本质是"给予"，"爱首先是给而不是得"。"给予"并不是以交换为条件，也不是"一种自我牺牲的美德"。在有创造性的人看来，"给是力量的最高表现，恰恰是通过'给'，我才能体验我的力量，我的'富裕'，我的'活力'。体验到生命力的升华使我充满了欢乐。'给'表现了我的生命力。"弗洛姆正是从对"给"的深刻分析中，看到了爱与人的本质力量的体现、与人的自我价值实现之间的必然联系，所以他肯定地说："没有生命力就是没有创造爱的能力。"我想起了当代语文教学之母于漪老师，她虽然已年过八旬，但依然精神矍铄、优雅美丽。这是因为，一个拥有伟大的爱的能力的人，必然拥有着永不衰竭的生命力，必然能让心灵永葆青春。而一个在生活中失去爱的能力的人是可悲的，他的生命之火已经熄灭，他的人生已黯淡无光。

爱是一种积极的状态。一个人要有能力"给予"，必须使自身具有强大的力量。马克思极其优美地表达了这一思想："如果你以人就是人以及人同世界的关系是一种充满人性的关系为先决条件，那么你就只能用爱去换爱，用信任换取信任。如果你想欣赏艺术，你必须是一个有艺术修养的人；如果你想对他人施加影响，你必须是一个能促进和鼓舞他人的人。"爱能激发人的创造性倾向，如弗洛姆指出，"爱的能力要求人全力以赴，要求人的清醒状态和生命力的升华，而这种能力只能通过在生活中的许多其他方面的创造性的和积极的态度才能获得。在其他范畴没有产生积极性的人，在爱情方面也不可能有这种能力"。可以说，没有爱，就没有一种积极的生命状态。

爱，能成全生命本身，这对我们老师来说具有双重意义。在一个以生产和消费为最高准则的社会，如果我们老师放弃了同物欲的对抗，只会沦为社会大机器中的一个小器件，让感官逐渐麻木，让精神逐渐荒芜，让思想逐渐萎缩，而与自己、与人类、与自然产生异化。而借助爱的能力，可以修补人性，回归自我。"我在你身上爱所有的人，爱世界，也爱我自己。"通过爱，我们老师可以完成自身的救赎和提升。

对老师来说，爱的另一重意义在于，成全学生的生命。卢梭有一句话值得我们教育工作者时刻提醒自己："在敢于担当培养一个人的重任以前，你自己是否造就成了一个人？你自己是否是人心中的模范？"他的这句话就是说，在我们敢于担当培养教育别人之前能否扪心自问，你自己是不是一个大写的人。卢梭提出这一观点的1700年前，我们中国古代著名的思想家杨雄也说过："师者，人之模范也。"他直接把老师比作学生心中的模范。只有自身具有强大的爱的能力的老师，才能激发起学生心中强烈的爱。而一个不具备爱的能力的老师，是不适合走上讲台的。

　　凡是优秀的老师，无不是爱的宣传者和践行者。苏霍姆林斯基的帕夫雷什中学、陶行知的教育人生、李镇西的"爱心与教育"……他们用生动而饱满的人生告诉我们：爱，是我们生存的空气；没有爱，我们一天也不能生存！

　　《圣经》告诉我们："爱是恒久忍耐，又有恩慈；爱是不嫉妒，爱是不自夸；爱是不张狂，不做害羞的事，不求自己的益处，不轻易发怒，不计算别人的恶，不喜欢不义，只喜欢真理；凡事包容，凡事相信，凡事盼望，凡事忍耐。"爱是一门永无止境的艺术，让我们在爱的学习中不断长大！

从乌托邦主义到零星工程
——读《开放社会及其敌人》

    我一直以为，研究自然科学的学者对社会问题的思考，往往比专事文科的学者认识更精准、表达更清晰。卡尔·波普尔，作为横跨自然科学和社会科学的"两栖"学者和思想家，他的表达妥贴而严谨。读他的《开放社会及其敌人》，没有读一般理论书籍的艰涩之感，相反，不少论述唤起我的亲切感和认同感。

    这部著作被定义为《开放社会的敌人》也许更为合适，因为波普尔在这部巨著中，笔墨集中于对柏拉图、黑格尔等思想家的社会政治哲学的批判上，认为他们的思想是现代极权主义的来源，而对于"开放社会"的性质、特点，并没有正面、系统的论述。当然，从波普尔的论述中，我们不难发现，他的"开放社会"的组成原则是言论自由、多元主义，每个人都拥有个人选择与决定权。

    波普尔批判的靶心是历史主义及其所支撑的极权主义，而他发现极权主义与我们习焉不察的完美主义、理想主义、乌托邦主义纠结在一起。他运用上溯的思路，最后揪住了柏拉图的尾巴。他发现了柏拉图的正义学说与现代极权主义之间有着惊人的相似之处，"极权主义属于一种恰恰与我们文明同样古老或同样年轻的传统"。极权主义所构建的"封闭社会"，是"开放社会"的死敌，是人道和理性、平等和自由的毁灭力量。

    他将柏拉图哲学的研究方法概括为乌托邦主义。乌托邦主义者有着完美情结，他是为了美而创造城邦的。他不是仅仅希望建立一个好一些的和合理一些的世界，而是希望建立一个完全没有污点的世界：不是一张用碎布拼成的被面，不是一件有补丁的旧衣服，而是全新的大衣，是真正美好的新世界。这种想法是善良的，但却不能实践。因为乌托邦主义者试图建立一种理想的国家，他使用作为一个整体的社会蓝图，这就要求一种少数人的强有力的权权统治，因而可能导致独裁。他必须对许许多多的抱怨置若罔闻，在压制超越情理的反对的同时，必然也压制了合乎情理的批评。因为是从整体上重建社会，所以必须对社会进行扫荡性的变革，其实际后果会由于我们有限的经验而难以计算。

柏拉图的激进主义，同他的唯美主义密切相关。柏拉图借"苏格拉底"之口说了这段话："他们将把城邦和人的素质当做一块画板，"，"首先他们要把它洗擦干净，而且这一点也不容易。但是，你知道，这正是他们与所有其他人的区别所在。除非给他们一张干净的画面，或者自己动手擦净它，否则他们将既不对城邦也不对个人开始动手工作，他们也不会制定法律。"怎样擦净画布，"苏格拉底"继续说："所有十岁以上的公民，必须把他们从城邦里赶出来并流放到乡村某地。而且必须把这些现在免受其父母的平庸性格的影响的孩子们接管下来。他们必须以真正的哲学家的方式，并按照我们已描述过的法律接受教育。"波普尔对柏拉图的剖析让我大吃一惊，一座神像在我面前轰然倒塌。

针对柏拉图的唯美构想，波普尔主张："追求美的梦想必须服从于帮助处于危难之中的人们以及遭受不公正之苦的人们的迫切需要；并服从于构造服务于这样的目的的各种制度的迫切需要。"每个人应该拥有塑造自己生活的权利，同时对他人不构成干预。

既然乌托邦社会工程难以实现，那么我们该如何办？波普尔提出与之相对的"零星社会工程"的概念。

他认为，采用"零星工程"思考方法的政治家在其头脑中，可以有或者可以没有一个社会蓝图，他可以拥有或者也可以不拥有人类有一天将实现某种理想国家、并在人世间达到幸福与完善的希望。"零星工程"采取的是寻找社会上最重大最紧迫的恶行并与之斗争的方法，而不是追求其最大的终极的善并为之奋斗的方法。"零星工程"的蓝图比较简单，它们是关于单项制度的蓝图，例如关于健康和失业保险，或关于仲裁法庭，或关于教育改革的蓝图。"零星工程"进行的是"小规模"的实验，采用一种新的人寿保险，实行一个新的税种，进行一项新的刑罚改革，这些都是具有遍及整体社会的影响而又不是从整体上重新改造社会的实验。即使实验出了错，损害也不会大，而且重新调整并不困难。"零星工程"允许反复的实验和连续的调整。

波普尔的论述使我想起了中国近现代社会的改革。胡适的"好人政府"带着自由主义知识分子的美好憧憬，只是一种形而上的构想，只能在政治舞台上留一条浪漫的尾巴。而被指斥为"虚无主义"的鲁迅，只管对着民族和社会的最黑暗处狠狠刺去，也并没有因为愿景的模糊而削弱他的战斗价值。乌托邦固然美好，但人首先靠吃米饭而生存。为着遥远的理想前赴后继固然可歌可泣，而以堂·吉诃德的姿态与恶势力作着殊死搏斗也是一种壮举。两者同样伟大，但后者比前者更加切实可靠。

我们的教育改革同样如此。与其向往着重建一个理想的、完美的教育体制和价值体系，不如实实在在地在实践中关爱每一个学生。"为着学生个性的全面发展"之类，虽为时尚却过于罗曼蒂克，反不如"不伤害学生"来得务实。具体的教学实践改革也是如此，先不忙去构建体系，而是进行点位的实验，从"零星工程"做起。

从乌托邦主义到"零星工程"，就是从浪漫回归理性的过程。

教育，就是帮助发现生活的意义

——读《活出意义来》

　　奥地利著名精神医学家、维也纳精神治疗法第三学派的代表人物维克多·弗兰克在行医时，经常问遭逢巨痛的病人："您为什么不自杀？"有人说是为了子女，有人说是因为某项才能尚待发挥，有人说只是为了保存一个珍贵难忘的回忆。弗兰克医生从长期的科学研究中，逐渐发展出他独创的"意义治疗法"，也就是给那些在生活中受到巨大打击者寻找出意义与责任，让他们能从死亡的边缘走回来，重新扬起生活的风帆。所以，弗兰克发展出来的"意义治疗法"，从本质上来说即是让无法活下去者也能拒绝死亡，让他们能从"鬼门关"转回来，重新步入世间的正常生活。

　　弗兰克为何能发展出这样一种造福于人类的精神治疗法呢？除了他深厚的学养和刻苦之外，与他的一段特殊经历有关。弗兰克曾被关入纳粹集中营，受尽磨难，而他的双亲、哥哥、妻子，不是死在牢营里，就是被送入煤气间。一位曾亲身经历过这种惨绝人寰遭遇的精神医学家，他的经典论著《活出意义来》已成为意义治疗学派和精神医学的优秀教科书，不仅如此，"本书富有文学与哲学的双重价值"（戈登·欧伯），但我还想从教育的视角挖掘这部经典著述的当代意义。

发现意义，可以激发生命动力

　　二战中，弗兰克因是犹太人而被关进了奥斯维辛集中营。弗兰克和他的同伴们每天都要与死神照面。他们完全不被当作人来看待：晚上睡的是一层层搭起来的硬木床。每张床宽约六尺半到八尺，却要睡下九个人，且只有两条毯子。他们每天要干十几个小时的活，或挖冻土，或搬运沉重的木头等。身上只穿着单薄的破烂衣裳，两腿被冻肿，鞋子往往套不进去，有的甚至赤脚走在冰冻的雪路上。他们每天的食物仅为一小片面包和一小碗稀汤。

弗兰克曾在夜里被难友的呻吟声惊醒，那位难友四处翻滚冲撞，显然正在做噩梦，但是弗兰克并没有去摇醒难友，因为他深切地意识到：任何噩梦再恐怖，也不可能比得上集中营里的残酷现实。集中营生活之残酷，由此可见一斑。

弗兰克在刚入集中营时，一难友告诉他"末世脸"的意思："一个人如果脸色黯淡，形容憔悴，一副病恹恹的样子，而且无法再胜任吃力的苦工……这人就是个'末世脸'。迟早——通常是快得很——他就会进入煤气间。""末世脸"者，实际上就是人们丧失了活下去的信心之后，在外观上显露出的死亡气息。在非人的待遇下，在令人无法忍受的苦役里，在饥寒交迫中，无数的囚徒死去了；还有的虽然没有被折磨致死，但因为丧失了生存下去的意志，而采取了自杀的行为。

在集中营，最令人害怕的情形是身边的难友精神防线完全崩溃，完全放弃求生的意志。弗兰克注意到一个人的求生意志与他对未来的信念有关，他讲述了这样一个例子。傅先生是一位小有名气的作曲家兼作词家，有天曾悄悄地告诉弗兰克，说他做了一个怪梦，梦中有个声音告诉他，1945年3月30日这天他可以获释。傅先生对这个梦深信不疑，也满怀信心地期待着这一天的到来。3月30日，也就是预言中他会获释的日子，他突然昏迷不醒，失去知觉。3月31日，他死了。

弗兰克发现集中营里一个教人困惑的现象：看来弱不禁风的俘虏，反而比健硕粗壮的汉子还耐得住集中营里的煎熬。这是因为，生死往往与一个人的生存意志有关。弗兰克说，碰到对生命失去信念的人，最重要的便是让当事人了解"生命对他仍有指望，未来仍有某件事等着他去完成"。正如弗兰克自身一样，刚进集中营，他费尽心血、正准备付梓的手稿被没收了。在沮丧之后，弗兰克最大的心愿是要再次写出这本书，而这竟帮助他度过严酷的集中营生活。例如当他患伤寒，感觉异常难受时，竟用碎纸片记下许多摘要，以备重获自由时能重新著书。从某种意义上说，那部被没收的手稿拯救了弗兰克。弗兰克特别喜欢引用尼采的一句话："懂得'为何'而活的人，差不多'任何'痛苦都忍受得住。"找到了生命的意义，也就找到了生命的航向和动力。任何人，无论在何种恶劣的处境里，只要保持某种期待，有一个活下去的目的，那么，他就可以忍受任何痛苦与灾难。反之，即使在一个良好的生存环境里，若没有生活的期待，没有一个活下去的理由，他们就相当容易地走向自杀的不归之路。所以，弗兰克指出："我们真正需要的是从根本上改革我们对人生的态度。……我们终将发现生命的终极意义，就在于探索人生问题的正确答案，完成生命不断安排给每个人的使命。"

弗兰克自创的"意义治疗法"的重点是放在将来，指向于病人将来要完成的工作与意义。著名教育学家马卡连柯曾说："培养人就是培养他对前途的希望。"一个人能找到生命存在的意义，自然对前途充满希望，他的身上一定充满正能量，他也不会被眼前的挫折、困难击垮。

弗兰克的"意义治疗法"对我们当代教育有很大的启示，可以帮助我们分析生存空虚感，找到摆脱虚空、回归积极状态的途径。但是，弗兰克毕竟没有对"意义"作出更为有效的划分，在本人看来，"意义"至少有高远与低浅之分，而这也决定着生命动力的强弱与人生境界的高低。在功利教育甚嚣尘上的今天，"意义"已被狭窄化、庸俗化，众多学生将"意义"定位为名牌大学、外企白领，这固然能激发出他们的学习意志与奋斗动力，但"意义"的浅狭必然导致境界的低俗。

用超越性视角帮助发现

这本书给我留下最深印象的是，弗兰克始终能以超越性的视角来观照此在，透视生命。在死亡阴影笼罩的集中营里，弗兰克却时常想着另一番情景："我看到自己置身于一间明亮、温暖、高雅的讲堂，并且站在讲坛上，面对着全场凝神静声的来宾发表演说。演说的题目则是关于集中营的心理学！"弗兰克说，那一刻他所身受的一切苦难，从遥远的科学立场看来全都变得客观起来。他就是用这种办法让自己超越困厄的处境，把所有的痛苦与煎熬都当成前尘往事，并加以观察。他所身受的苦难，竟然变成有趣的心理学研究课题。弗兰克正是以这种超越的姿态，完成了对自身的救赎。

弗兰克打了一个比方来说明超越的重要性。有一种猿类很容易发生脊髓灰白质炎，因此必须时常给它打针，但是它并不解它所受痛苦的意义。"那么人类又怎样呢？你能确知人类世界就是宇宙演化的终点？是否超越人类世界之上还可能有另一层次？在那里人生痛苦的终极意义就可以找到答案了？"这种站在人类之上的超越性视角，使他拥有了深厚的悲悯情怀。虽然历经劫难、备受折磨，但弗兰克并没有冷漠麻木或愤世嫉俗，而始终以悲悯之心真诚地帮助别人。

加利福尼亚的飞行教练曾对弗兰克说："假定我想向东飞行，而这时却有偏北风，那么，我就可能与我的飞机一道偏向东南方。相反，我若是驾着飞机向东北方飞行，我便实际上飞向正东方向并降落在我原想降落的地方。"弗兰克于是想到人的境况。如果我们简单地以其"目前所是"来看待他，那我们就会使他变得更糟糕；相反如果我们以其"应该所是"来看待他，我们便使他成为他所能够成为的人。弗兰克继续说，"好多说我们给某位病人测量并确定其血压是 160，如果病人问我们血压多高，我们告诉他说'160'，那么我们告诉他的就远不是实情了，因为病人马上就会激动起来而使血压达到 180。相反，如果我们告诉他说，他的血压实际上是正常的，那样我们并没有对病人撒谎，他反而会长舒一口气后颇为轻松地向我们承认，他就是害怕得中风，但现在看来自己的这种担心是毫无根据的，而如果我们这时再查量一下他的血压，可以肯定，这期间血压实际上也已经降到了正常值上。"

弗兰克并没有囿于一时一地的表象，而是以超越性视角认真观察事物表象内部的发展状态，这是一种多么珍贵的善良与智慧！教育，也正需要如此，教育者要对培养对象怀着真诚的美好期待。唯有内心怀有最深厚爱意的人，才配做优秀的教育者。爱是进入学生最深人格核心之内的唯一方法。没有一个教师能完全了解学生的本质精髓，除非爱他。师爱，可以使学生真正去发挥那些潜能。凭借使他意识到自己能够成为什么，应该成为什么，而使他原有的潜能发挥出来。

《活出意义来》被视为哲学或心理学的经典著作，但它对教育的启示格外多。从教育的视角来研读《活出意义来》，能帮助我们更为清醒地认识到教育工作的意义、价值，寻找到合适的策略、方法。

让哲学成为一种生活态度

——读傅佩荣的《哲学与人生》

念书时，曾被一本书深深吸引——《苏菲的世界》。这可能是我认真拜读的第一本与哲学相关的书。这本书讲述的是西方哲学的发展历程，却写得通俗易懂，极大地激发了我对哲学、美学的兴趣。从罗素的《西方哲学史》到刘小枫的《走向十字架的真》，从丹纳的《艺术哲学》到李泽厚的《美的历程》，我很庆幸，在十八九岁的年龄遇上这些好书。虽然有些书读得很吃力，但爱思索的天性在这些或峭拔或温和的文字中得到了保存和开掘。

可惜，那时候没有读到傅佩荣先生的《哲学与人生》。因为，在我看来，这本书更适合作为哲学的入门读物。

哲学的英文叫做 philosophy，这个字源于希腊文，是由希腊文中的 philia 和 sophia 两个字合成的，意思是"爱智慧"。在古希腊，哲学不是一门抽象而枯燥的学问，而是思考生活、省察人生的生活态度。苏格拉底说，未经省察的人生没有价值。2012 年美国国家研究理事会发表《面向生活与工作的教育：发展 21 世纪可迁移的知识与技能》的报告，提出"21 世纪能力"的概念，它包括认知的、内省的及人际的三大胜任力领域。可见，内省力是一个人的核心能力，而内省力的培养，离不开哲学素养的形成。从2011 年开始，法国教育部规定从高中一年级就开始进行哲学教育。并且，哲学是中学毕业会考的第一门科目。一个法国记者说，哲学会考似乎成了法国年轻人的成年礼。

"哲学与人生"是傅佩荣先生 1986 年起为台湾大学全校学生开设的一门通识课程，在设计课程内容时，兼顾西方与中国，侧重人生与文化，而以哲学的思辨方法贯穿其间。这门课程获得了台大学生的极大喜爱，1986年傅佩荣先生即有幸被《民生报》评选为校园热门教授，十年后该课程被台大学生的"终身学习网站"票选为全校最佳通识课程第一名。《哲学与人生》这本书，即是傅先生在讲稿的基础上整理而成。

本书在开宗明义介绍了"哲学是什么"后，以西方为焦点，探讨"思想方法"、"人性的真相"、"神话与悲剧"，接着以希腊的苏格拉底和当代的存在主义为代表，反思当代人的生存境况，探讨超越荒谬之可能。课程的下半部分，首先综述"中国哲学的起源与特质"、"儒家的风格"、"道家的智慧"，再阐述"艺术与审美"、"宗教与永恒"、"教育与自我"等话题，最后收束于"文化的视野"。该书不求体系完整、面面俱到，但求于现实人生有触动、有帮助，而这是傅佩荣先生将课程与人生打通的追求。

哲学就是"爱智慧"，而在傅先生看来，智慧有两大特点：完整与根本。所谓完整，即把生命视为一个整体。因此对任何事情成败得失的判断，都不能只看某一点，而要考量整体。所谓根本，是指回到生命的原点，对人生的实质作根本性的思考。书中讲述了一个故事：《侠客行》描写很多人到了侠客岛，看到岛上有一面很大的墙壁，上面刻着李白的《侠客行》，每个人都想从这首诗中参出重要的武功秘笈。男主角不识字，却因此注意到刻字者所使用的力道。他根据这幅图画练气，最后练成了上乘武功。傅先生借这个故事告诉我们，文字有时候是一种障碍，顺着字义理解并不能进行本体性思索，而直观式的感受往往更接近事物的整体与本质。

希腊时代有一句话："哲学起源于惊讶。"傅先生强调研究哲学的基本习惯是对"凡事保持好奇"。好奇其实是去除遮蔽，对事物本体作完整而根本的体验或思考。培根提出一个著名的观念"打破假象"，认为每个人心中都有一些假象，这些假象使人无法进行正确的思考。培根认为要打破的假象有四种：种族、洞穴、市场、剧场。这些内容在书中均有具体而生动的阐述。

周国平在推介傅佩荣的《哲学与人生》时说："哲学课可以是令人生厌的，也可以是引人入胜的，就看谁来上这门课了。"傅佩荣先生显然是最适合上哲学这门课的先生了。傅先生对古今中外的哲学熟稔于心，但可贵的是，他并没有蹩进书院哲学的象牙塔，而是将哲学与人生打通，将人生问题置于文化的视野中来考察。傅先生对神话、艺术、宗教、文学、教育等领域均有精深研究，但他高而能下，不作艰涩高深的表达，没有空洞抽象的说理，而是深入浅出、结合实例进行阐述。无论是书中所举事例、所引名言，还是傅先生本人的论述，都蕴含哲思，耐人思索。

在读这本书时，我们不能只做一个文抄公。这本书的最大价值在于开启智慧，所以在阅读时应伴随思考，反观生活。比如我在读存在主义的一句名言"拥有就是被拥有"时，写下一段读书札记："一个人拥有的越多，也就越没有时间和精力做回自己。拥有的越多，生命内涵就会因注意力的分散而变得浅狭，最后反而变成拥有物的奴隶，丧失人生的意义。因此，我们应控制欲望，过一种简朴生活。人只是匆匆过客，在生命的尽头衡量你的不是物的多少，而是心的广狭、灵的重轻。"以哲学观人生，这样才能与傅先生的观念相通。

最后想说的是，之所以推介这本书，并不是鼓励大家成为哲学家，而是希望哲学——爱智慧，成为我们的一种生活态度。

附:《哲学与人生》阅读零札

一

柏拉图年轻的时候是一位文艺青年，喜欢作诗，并且写过希腊悲剧。他二十岁时遇到苏格拉底，听到苏格拉底的一段话之后，回家第一件事就是把自己所写的诗和剧本全部烧掉，因为他发现了自己应该走的路，并选择终身奉献于哲学思考的世界。

徐批：发现自我是一件多么幸运的事啊！柏拉图的幸运在于他在二十岁时遇上了苏格拉底并一下子明确了自我的价值、意义。真正的生活，是从发现自我开始的。

二

德尔斐神殿上刻了两行字：一行是"认识你自己"；一行是"凡事勿过度"。

徐批：我们一般只记住并强调了第一行字"认识你自己"，其实第二行字"凡事勿过度"也很重要。前者是对内的态度，后者是对外的态度。也可以这样说，认识你自己，察觉到人的有限，因而才能在行动上"凡事勿过度"。

三

《侠客行》描写很多人到了侠客岛，看到岛上有一面很大的墙壁，上面刻着李白的《侠客行》，每个人都想从这首诗中参出重要的武功秘笈。男主角不认识字，看不懂上面写了些什么，却因此注意到了刻字者所使用的力道。换句话说，这面墙上刻的东西在他看来是一幅图画，而非文字。男主角根据这幅图画练气，最后练成了上乘武功。文字有时候是一种障碍，因为有文字就有意义，有意义则必须去思考，而一思考反而练不成武功了。这和禅宗"不立文字，教外别传"的思想是相通的。

徐批：两点启示。一、知识是感性的敌人。满腹经纶的学者往往最缺乏生命的感发，因此离真实的生命也就最遥远。二、形式即本质。形式比内容更为接近事物的本质。语文教学的重点不在内容，而在语言本身。

四

法国哲学家伏尔泰写过一篇小说，叫做《查第德》(Candide)，描写一个人到处被冤枉、被迫害。他去坐船，船就沉没；他走在路上，就发生地震。最后，这个人在百死千难之中逃到了乡下，种了一些花生。花生收成时他坐在田埂上吃，开始想："如果当初没有沉船、没有地震，我现在怎么可能坐在这里吃花生呢？可见我这一生的际遇还是很不错的。"

徐批：感恩生活，能粉碎一切挫折和苦难。活着，就意味着为生存而寻求意义。对苦难、荒谬的最好抗击，莫过于以弱者的姿态对命运心怀感恩。

五

许多人在开始与苏格拉底对话时，无一不是信心满怀，认为自己很有知识，最后却会发现自己是如此无知。后来有一个学生受不了苏格拉底，趁着酒醉时告诉他："你好像海中的黄鲷鱼，任何鱼碰到你都会被电得麻痹，人们与你谈话就会觉得自己是如此的无知！"苏格拉底听了以后回答："如果我是因为自己有知，而指出你们的无知，那是我不对。但请你不要忘记，我自己也是无知的！"

徐批：做一条黄鲷鱼，这应该是优秀知识分子的职责，教师概莫能外。帮助他人发现自己的无知，在去蔽中探求生命的真相。教师不必全知全能，但要坚守一种使命：搅动陈陈相因的僵化风气，使之焕发出真诚思考的活力。真正的智慧，应该由自己觉悟和体验出来。做一位精神助产士，就是要协助他人产生智慧的胎儿。

六

尼采看不惯打着宗教或上帝名号的虚伪浮夸，所以宣称"上帝死了"。他曾经写过一个比喻：有一个疯子，大清早提着灯笼在市场里面到处走动，有人问他："为什么大白天提着灯笼？"他回答："白天吗？我觉得是黑夜啊。上帝已经死了，宇宙一片漆黑，我什么都看不到，只能拿着灯笼到处去寻找上帝。"

徐批：尼采的刻薄和恶毒正在于，他将整个世界都推向了他的对立面。事实上，如果宇宙一片漆黑，拿着灯笼又怎能找到上帝——被尼采判了死刑的上帝？宇宙全部漆黑时，还是亮一盏心灯，照亮自己，也照亮尽可能多的周围人。

七

德国心理学家弗洛姆在《逃避自由》这本书中写道："给我自由吗？千万不要给自由！因为随着自由而来的是要负责任啊！我一有自由之后就自己作选择，选择之后就做我自己，但是我做不起啊！"

徐批：弗洛姆的话充满嘲讽与讥刺。生活中有多少这样的人，不愿担责而宁肯舍弃自由！真正的自由，与责任和使命同在。活出自我，不仅意味着拥有自由的选择，还意味着承受更多的责任重量。

八

灵魂代表着精神，它关系着意义的问题。人生有没有意义，这不属于心理问题。心理学家荣格曾经说："到我这里来治疗心理疾病的，大都是上层社会的人，他们身体健康，心理正常，但是并不快乐。"也就是说，一定有什么地方出了问题，而这个地方，不在于身体，也不在于心理，这个地方称作"灵"。

徐批：灵是一种力量，可以将身心整合起来，赋予人生以意义。这种能力是每个人都具备的，但如果不加以开发，那么生命就好像在薄冰上，基础薄弱不易站稳；反之，如果能逐步开发灵的力量，他就可以承受身心的各种考验。这也是为什么有些人虽然身体受伤、心智失常，却能因为灵的力量而安定的原因。学校不仅应该有心理老师，还应该有性灵老师，而这样的老师应该由所有老师来担任。关注身心灵的和谐发展，正是当代教育的重要课题。

九

存在主义有一句名言叫做："拥有就是被拥有。"举例来说，我拥有一辆车子，就等于我被这辆车子所拥有，因为我必须时常担心："我的车有没有被拖走？停车费还没缴怎么办？"

徐批：一个人拥有的越多，也就越没有时间和精力做回自己。物为人役而不能人为物役。拥有的东西太多时，人的生命内涵以及注意力就分散了，最后反而会被拥有物所拥有，变成了拥有物的奴隶，以致精疲力竭、丧失了人生的意义。你所"有"的越多，你所"是"的就越少，这二者常是呈现反比的。现代人更要去过一种简朴生活，东西用到坏为止，不拥有不需要的东西。人只是匆匆过客，在生命的尽头衡量你的不是物的多少，而是心的广狭、灵的重轻。

十

所谓"存在先于本质"就是说，一个人先有选择自己的可能性，最后才使自己得到所选择的内容。每个人都是在生命过程中不断抉择，选择之后才会得到结果。由此可知，一个人的本质是在选择之后所得到的结果，如果没有先作选择，永远不会有后来的那个结果。换言之，人不是"已做成"之物，而是不断在"造就"自己。

徐批：人是自我选择、自我创造的产物。一个人如果从来不作抉择，就根本没有本质可言，因为他所有的一切都是由别人安排的，他只是一味地接受。一旦接受成了习惯，本质就变得虚浮，等于这个人从来没有真正地存在过。

十一

老子说："法令滋彰，盗贼多有。"设计的法规越多，就有越多人会违法；相反，如果不订法令，自然没有所谓违法的问题，大家也可以过得更自在。

徐批：老子的这句与庄子"圣人不死，大盗不止"、"绝圣弃知，大盗乃止"的观点大致相同。凡事都有两面性，万物都是此消彼长、相互制衡的。善之存在，以恶为前提，因此无恶亦无善。善的宣扬，意味着恶的存在。最理想的状态是处于中间状态，"凡事勿过度"。老子告诉我们一种理想的状态是："知其雄，守其雌，为天下溪。为天下溪，常德不离，复归于婴儿。知其白，守其黑，为天下式。为天下式，常德不忒，复归于无极。"
(《老子》二十八章）雄代表阳刚之气，也就是飞黄腾达；雌代表雌伏，也
就是安静，退缩下来。整句话的意思是：知道雄强的好处，却守住雌柔的
位置，这样可以作为天下的仆役（"溪"作"奚"解释，即古代仆役）。作
为天下的仆役，就不会离开恒久的德，再由此回归婴儿的状态。知道光明
的好处，却守住暗昧的位置，这样可以作为天下的模式。作为天下的模式，
才可以满足恒久的德，再由此回归真朴的状态。人生多智慧，处处争强往
往易于折损。法令的繁苛，会滋生罪恶。当然，法令也不可完全取消。教
育管理上，又何尝不是如此？

十二

老子有一句："善人者，不善人之师；不善人者，善人之资。不贵其师，
不爱其资，虽智大迷，是谓要妙。"（《老子》二十七章）这句话的意思是：
善人是不善人的老师，不善人是善人的借鉴（"资"代表借鉴或凭借）。不
尊重老师，不珍惜借鉴，即使再聪明也免不了陷于困惑，这是个精微奥妙
的道理。

徐批：我们现在常说的"师资"二字，就是出于此处——善人为"师"，
不善人为"资"。但我们平常所注重的是以善人为"师"，而所忽略的
是——以不善人为"资"。正面的东西可以成为老师，负面的东西也可以作
为借鉴。在成长的道路上，这两者对你我都很重要。

十三

张爱玲《红玫瑰与白玫瑰》这篇小说中提到，每个男人的一生中都会
有两个女人，一个是红玫瑰，一个是白玫瑰，红玫瑰代表热情如火，白玫

瑰代表纯洁无瑕。如果他娶了红玫瑰，久而久之，红玫瑰就会变成墙壁上的一抹蚊子血，而白玫瑰则如同"床前明月光"，永远那么皎洁亮丽；如果他娶的是白玫瑰，久而久之，白玫瑰就会变成衣服上的一粒饭黏子，而红玫瑰则是心口上一颗朱砂痣。

徐批：每个女人的一生中会不会有这样的两个男人呢？人生充满着无奈，而生活永远在别处。爱情常常在婚姻中消亡，却在分手中获得了永恒。爱的对象必须是唯一吗？可以既想念着月光般的白玫瑰，也珍惜着身边"朱砂痣"一样的红玫瑰吗？这是个道德困境还是人生难题？

十四

在《圣经》的《出埃及记》中，摩西带领犹太人出埃及，那段路程只需要十一天，他们却走了四十年。因为犹太人在埃及世代为奴，已经习惯自认为奴隶。离开埃及最主要的用意即是要涤除他们的奴隶性格，而四十年的时间，正好让老一代的人全部凋零，就连摩西本人都无法进入应许的迦南福地，要靠下一代的约书亚带领。

徐批：思想启蒙往往要经数代人的努力。当代中国也正处于启蒙时期，而只有数代人的共同努力，才能完成社会的精神大换血，也才能使我们的民族实现伟大的复兴。

梁启超的趣味教育及其当代启示

梁启超（1873—1929年），被时人称为"思想界的骄子"，一直活跃在中国近代思想舞台的中心。在我国教育发展史上，他是首先关注儿童教育的教育家之一。他先后发表了《论幼学》《蒙学报演义报合叙》《中国教育之前途与教育家之自觉》《趣味教育与教育趣味》等文章，对儿童教育有较为全面的研究。认真研读梁启超论及教育的文章和书信、演讲辞等，不难发现他的儿童观。虽然梁启超已去世八十余年，但他的儿童观对我们今天的儿童教育仍有着较强的引导意义。

儿童，乃未来之国民

在梁启超那里，少年儿童是作为未来的国民被发现的。梁启超将挽救危亡、振兴中华的希望寄托在少年儿童身上，他在《少年中国说》中激励少年发愤图强，挽救民族："故今日之责任，不在他人，而全在我少年，少年智则国智，少年富则国富，少年强则国强，少年独立则国独立，少年自由则国自由，少年进步则国进步，少年胜于欧洲，则国胜于欧洲，少年雄于地球，则国雄于地球。"

梁启超从培养未来国民的需要出发，提出了智育、情育和意育三者并重的教育方针。他认为，"人类心理有知、情、意三部分，这三部分圆满发达的状态，就达到了先哲名之为三达德——智、仁、勇"。他批评当时的学校教育太过于重智育，"以智育的德育"障德育，以致造成"出而与他族相遇，无不挫折败北"的恶果。他特别强调"仁"的教育，教育少年儿童要做有修养、有道德的未来公民，"如果你做成一个人，知识自然越多越好，你若果做不成一个人，知识却是越多越坏"。梁启超始终将做人视为教育的首要任务，他眼中的"仁智勇兼备"的未来公民应具有以下品质：进取冒险精神、顽强的毅力、高尚的国民品格、独立的人格和个性。

梁启超将儿童视为未来国民，于封建传统教育而言不啻一声惊雷，因为这不仅意味着儿童从此具有了独立的、完整的人的资格，还意味着少年儿童应担负起发展国家、振兴民族的使命。因此，梁启超尽力呼吁"政治教育乃最急务""建立公德乃当务之急"，仅为个人而奋斗的时代宣告结束，而教育的新纪元从此开启，其重要理念为，少年儿童应担当起振兴国家的社会责任。

儿童作为社会个体而存在，应当为社会进步而奋斗，这本不算多么新颖的发现，但在崇尚"私德"的中国传统社会，普及并推广这一常识，阻力甚大。即便在当下中国，现状亦不容乐观：崇尚为己奋斗者多，信奉为国奋斗者少。我们承认人性本私，但一个人若只为自己而奋斗，估计也很难为社会作出卓越贡献。儿童正处于性格情操、品德思想的形成阶段，对于外界施加的影响格外敏感。从小被灌输"为己奋斗"观念的孩子，与为爱国情怀所激励、具有互助合作等公德的孩子，两者所拥有的襟怀、境界及所能取得的成就，自不可相提并论。

梁启超成功的家庭教育就是最好的佐证。他的九个子女个个成才，其中思成、思永、思礼为院士，令人惊羡不已。六位子女赴美留学，但他们中没有一位留在美国，都回国参与了新中国事业的建设，这与梁启超培养了孩子们深深的爱国情结密不可分。梁思礼回忆："有人曾经问我，'您从您的父亲那儿继承下来最宝贵的东西是什么？'我回答'爱国！'父亲生前曾说过，'人必真有爱国心，然后方可以用大事。'这句话支撑了我一生的追求。"

"使举国之少年而果为少年也，则吾中国为未来之国，其进步未可量也；使举国之少年而亦为老大也，则吾中国为过去之国，其渐亡可翘足而待也。"少年儿童的教育，维系着国家的未来。教育家陶行知继承这一思想，明确提出："今日之学生，就是将来之公民。将来所需之公民，即今天所应当养成的学生。"重温先哲隽语，我们应当对儿童多一份滚热的社会期待！

幼年青年时期，趣味是最浓的

我认为，梁启超思想中最诱人的当属"趣味主义"。梁启超曾明确地宣称："假如有人问我，你信仰的是什么主义？我便答道，我信仰的是趣味主义。有人问道，你的人生观拿什么做根柢？我便答道，拿趣味做根柢。"他认为，趣味是"活的源泉"，是"生活的原动力"，丧失趣味，生活便无意义；趣味没了，活动便跟着停止，就好像机器没了燃料，不仅不能运转，长久还会生锈。

梁启超提倡"趣味教育"的教育理念。虽然"趣味教育"在近代欧美教育界早已通行，但梁启超在此基础上有所发展，他不仅将趣味当手段，还将趣味当目的。梁启超的这一改动，就将趣味提升到了审美的高度，意义十分重大。将趣味当手段，是"有所为而为"，总要以另一件事为目的，其结果是目的达到，手段抛弃。而将趣味当目的，却是"无所为而为"，像小孩子游戏一样，没有其它目的，只享受一种超功利目的的情趣、乐趣。若是拿学问做"敲门砖"，比如学法政用来作做官的手段，学经济用来作发财的手段，就不会有"深入而且持久的趣味"。"所以教育家最要紧教学生知道是为学问而学问，为活动而活动，所有学问，所有活动，都是目的，不是手段，学生能领会这个见解，他的趣味，自然终身不衰了。"

他特别强调，"人生在幼年青年时期，趣味是最浓的，整天价乱碰乱进，若不引他到高等趣味的路上，他们非流入下等趣味不可"。在他看来，儿童处于趣味最浓的时期，这时若不引导他们到高等趣味路上，他们便非入下等趣味不可，因此教育要趁儿童趣味正浓而方向未定之时，给其一种可以终生受用的趣味。所以，"教育事业从积极方面说，全在唤起趣味；从消极方面说，要十分注意不可以摧残趣味"。

梁启超在给子女的书信中多次提到趣味的形成，比如他嘱咐思成"分出点光阴多学些常识，尤其是文学或人文科学中之某部门，稍为多用点工夫。我怕你因所学太专门之故，把生活也弄成近于单调，太单调的生活，容易厌倦，厌倦即为苦恼，乃至堕落之根源"，他建议思庄"专门科学之外，还要选一两样关于自己娱乐的学问，如音乐、文学、美术等"。

当然，关于"趣味教育"的程度，梁启超也有清醒的认识，"教育儿童纯用趣味引诱，则不能扩张其可能性"，他主张用兴趣引导儿童学习要适度，有时候必要的强迫，反而有利于儿童的发展。他以冷水浴为例，因为有外界的强迫刺激，使浴者更加耐寒。对儿童的教育教学也不能只顾儿童的趣味而失之浅薄，应当有适当的难度，才更利于激发儿童的趣味。

这种注重儿童成长与趣味形成结合的教育恰恰是我们当今教育所缺乏的。我们当今教育具有浓厚的功利色彩，儿童教育尤为明显。这种功利教育的特征是重视结果而轻视过程，关注眼前而忽视未来，看重分数而漠视生命。李泽厚先生对此曾作过深刻的批评："教育的核心目标正是要引导学生这样……分数只是一个副产品，而且不是最重要的副产品。现在把副产品当作正产品，用这个激励学生，那是伤害学生！"在功利教育的摧残下，很多孩子的幸福童年、快乐时光被无辜剥夺。梁启超的"趣味教育"启示我们，应该尊重儿童的兴趣，促进儿童上等趣味的形成，让他们过上幸福的情趣人生。

呵护羞耻心，就是守卫纯真的童年

梁启超反复强调要培养幼童的廉耻观。他批判传统的私塾教育弊病重重："今之教者，毁齿执业，鞭笞觥挞，或破头颅，或溃血肉，饥不得食，寒不得息。国家立法，七年曰悼，罪且减等。何物小子，受此苦刑！是故中国之人，有二大危：男女罹毒，俱在龀年，女者缠足，毁其肢体；男者扑头，伤其脑气。……古之听讼，犹禁笞楚，所以养廉远耻，无令自弃，今于鼓箧之始，而日以囹圄之事待之，无惑乎世之妾妇其容，奴隶其膝，以应科第求富贵者，日出而不可止也。"对儿童施加暴力，一方面是对儿童人格的不尊重，没有将儿童视为有尊严、有人格的个体存在；另一方面也说明了成人缺乏对儿童心理和生理的正确认识，没有发展出对儿童施以同情和爱护的机制。据梁启超看来，对儿童施加暴力既伤害了儿童的生理健康，又损害了儿童的个体尊严，更无助于发展儿童的廉耻观。在《论幼学》一文中，梁启超深入地思考了廉耻观的价值，将羞耻观与儿童的尊严、儿童的成长联系起来，非常具有前瞻性。

在童年概念的演化中，将成长中的孩子同羞耻观联系起来，是非常关键的一步。尼尔·波兹曼指出："没有高度发展的羞耻心，童年便不可能存在。"羞耻首先意味着文化能够并且情愿对儿童有所隐瞒。在《论女学》中，梁启超指出，幼童由于缺乏母亲有理智、有文化的呵护，所以暴露在成人的大千世界中，他们有机会接触成人世界的一切秘密，包括性、暴力、本能和自我等等。"今中国小学未兴，出就外傅以后，其所以为教者，亦既猥陋灭裂，无所取材，若其鬌龄嬉戏之时，习安房闼之中，不离阿保之手。耳目之间，所日与为缘者，舍床第筐篋至猥极琐之事概乎无所闻见。"由于儿童过早地了解到成人的秘密，他们的童年也就过早地结束了。

梁启超发展儿童羞耻心的观念，应该受了英国哲学家洛克思想的影响。洛克认为羞耻感是童年和成年之间区别的标志。"在一切事物中，名誉和耻辱，一旦人们喜欢上它们，是最能刺激心灵之物。假如你能使孩子形成珍惜名誉、憎恨耻辱，你就已经在他们心中植下了正确的原则。"注重学习，呵护羞耻心，这是洛克对童年教育的贡献。

观照当下，我们真该为儿童成长的环境而害羞。无所不至的网络，几乎将成人世界的所有秘密毫无隐瞒地暴露在孩子面前，光碟的级别限制也是形同虚设，社会将最后一片处女地已完全向孩子无限开放。而随着羞耻感的逐渐弱化，儿童过早的成人化已成为社会的一大痼疾。梁启超提醒我们，应为儿童的成长营造一个优良的环境，呵护他们的羞耻心，守卫他们纯真的童年。

当然，梁启超的儿童观体系完整，丰富庞杂，远不止我上面所述。他还注重女性对儿童的引导、塑造，重视阅读对于儿童的感化力量，并为儿童创作过自己设计的歌诀书、回答书。他还期待少年儿童身上能体现不畏困难、开疆辟土的进取精神……梁启超的儿童观，是一本厚厚的书，常读不厌，历久弥新。

第五辑
心灵修行的艺术

给狭窄的心，
一个大的宇宙。
给坚硬的心，
一个柔软的下午。
给杂乱的心，
一个安静的角落。

美德能带来安宁与幸福
——读《道德情操论》

亚当·斯密对自己的作品正如对自己的德性一样有着完美的追求，他在死前两周要两位朋友当面烧毁他的十八巨册手稿，理由是它们的文风不典雅，整体上不成熟。他说："我能够做到的最理想的事情是使那些我已经出版的书籍能以最好、最完整的状态留诸后世。"因此，他对三十多岁时就发表的《道德情操论》这本伦理学名著一直反复修改，直到逝世前两个月才完成第六版的修改。我几乎是怀着一种敬意读完这本文风典雅、雄辩有力的经典名著，而且我坚定地相信，这是一本当代中国所有公民不能不读的好书。

斯密认为，同情是道德的基本核心。需要说明的是，该书中的"同情"一词不仅含有"怜悯"、"体恤"之意，还包含"共情"、"同感"之意，即斯密所说，"是一种人们通过情感迁移和思考，对他人的行为与情感的合宜性和正当性的认同"。由于具备了"同情"这种原始情感，人们在社会生活中会习惯于用他人的眼光来看待自己的情感和行为。久而久之，这就有了一个内心的法官和仲裁人——"公正的旁观者"。

在斯密看来，"按照完美的谨慎、严格的正义和合宜的仁慈这些准则去行事的人，可以说是具有完善的美德的人。但是，只靠极其正确地了解这些准则，并不能使人以这种方式行事：人自己的激情非常容易把他引入歧途——这些激情有时促使他、有时引诱他去违反他在清醒和冷静时赞成的一切准则。对这些准则的最充分的了解，如果得不到最完善的自我控制的支持，总是不能使他尽到自己的职责"。这说明，了解谨慎、正义和仁慈这些美德的人，如果能在各种环境和情绪中做到自我克制，才能成为具有美德的人。

怎样才能真正具有美德？斯密给出了答案："感受到落在自己身上的灾难所带来的全部痛苦，感受到自己蒙受的伤害所具有的一切卑劣性质，而更强烈地感受到自己的品格所要求具有的那种尊严，并不听任自己受其处境必然会激发的那些散漫的激情所摆布，而是按照他内心的那个伟大居民、那个神一样的人所指定和赞许的那些受约束的和矫正过的情绪来支配自己的全部举止和行为，这样的一个人，才是真正具有美德的人，才是热爱、尊敬和钦佩的唯一真正的和合宜的对象。"即使一个平凡的人，能自我控制，把邪恶的想法克服下去，也能达到圣人的境界。

如何做到自我控制，斯密将内心"公正的旁观者"放在了监督的位置上，"如果因为感情冲动和粗心大意，我们在什么地方损害了邻人的利益或幸福；内心的这个伟大的居住者，就会在傍晚要求我们对所有这些疏忽和违反作出说明，而且他的指责常常使我们在心里，为我们作出有损于自己幸福的蠢事和对这种幸福的疏忽感到羞愧"，"内心的这个伟大的居住者"自然不会随时主动出现，更多的时候需要我们主动去拜访。"吾日三省吾身"，就是对聆听这位"伟大的居住者"的教诲。很多伟人一生或者坚持写日记，或者每日晨诵暮省，不断清洗灵魂，澡雪精神，从而达到了很高的道德境界。

我认为，思考道德问题，就是寻求通往幸福的路径。

斯密在第六卷引言中明确指出："当我们考虑任何个人的品质时，我们当然要从两个不同的角度来考察它：第一，它对那个人自己的幸福所能产生的影响；第二，它对其他人的幸福所能产生的影响。"

尽管提倡"同情之心"，约束"利己之心"，但斯密在《道德情操论》中所主张的，却并非上帝或圣人，而就是一个凡人，即他"关心自己的幸福"，同时也"关注他的家人、朋友和国家的幸福"；"关注更崇高的事情"，同时也不"忽视更低级的事情"。约翰·格雷在《亚当·斯密传》里说,作为一个影响历史进程的伟大学者,斯密在现实生活中对邻居"以慈善、博爱、富于人情和宽容著称"。这给我们描述了一个"人间斯密"的形象,也表明践行其主张的道德体系,并不是难事。

斯密在该书中讲了一个耐人寻味的故事:伊庇鲁斯国王向其亲信列举了自己打算进行的征服之举。当他列举到最后一项的时候,这个亲信问道:"陛下打算接下去做什么呢?"国王说:"那时打算同朋友们一起享受快乐,并且努力成为好酒友。"这个亲信接着问道:"那么现在有什么东西妨碍陛下这样做呢?"这个故事里至少包含了两条哲理:财富的增加不会带来幸福感的增强,维持最低生存的穷人所获得的幸福不会比富人少;幸福就在当下,不必为着遥远的幸福而牺牲当下的幸福。

"为了获得这种令人羡慕的境遇,追求财富的人们时常放弃通往美德的道德。不幸的是,通往美德的道路和通往财富的道路二者的方向有时截然相反。"这个论断确实耐人寻味,表明斯密对财富的评价不再像早年那样积极,转而对财富能够带来真正的幸福和高尚的德性深深地怀疑。"人们在仰望月亮时常常忘了脚下的六便士。"据说,这是友人对英国作家毛姆一部小说的评论。如果"月亮"代表道德、"六便士"代表财富的话,当下的状况却与上述担忧不同。在当下一些人那里,脚下的"六便士"似乎更加夺目,不断遮蔽道德光芒、突破道德底线。

而事实上,一个人选择了与美德背道而驰,也就选择了与幸福终身无缘。斯密指出,"人类生活的不幸和混乱,其主要原因似乎在于对一种长期处境和另一种长期处境之间的差别估计过高。贪婪过高估计贫穷和富裕之间的差别;野心过高估计个人地位和公众地位之间的差别;虚荣过高估计湮没无闻和名闻遐迩之间的差别。受到那些过分激情影响的人,不仅在他的现实处境中是可怜的,而且往往容易为达到他愚蠢地羡慕的处境而扰乱社会的和平。然而,他只要稍微观察一下就会确信,性情好的人在人类生活的各种平常环境中同样可以保持平静,同样可以高兴,同样可以满意"。

斯密很有预见性地指出现代化的高速发展会带来道德的败坏:"钦佩或近于崇拜富人和大人物,轻视或至少是怠慢穷人和小人物的这种倾向,虽然为建立和维持等级差别和社会秩序所必需,但同时也是我们道德情操败坏的一个重要而又最普遍的原因。"物质主义不仅会让人变得狭隘冷漠,也会消解人们的公共精神、侵蚀人们的创造力。

　　道德的荒漠上,站立不起一个伟大的国家。只有建立在道德力量上的发展,才能获得更多认同,也才是健康可持续的。只有走一条"富"与"德"双轮驱动的复兴之路,我们才能真正实现国家发展、社会和谐、人民幸福。我们作为教育工作者,德育之路任重而道远!

人格就是一切

——读《歌德谈话录》

　　《歌德谈话录》记录了歌德晚年有关文艺、美学、哲学、自然科学、政治、宗教以及一般文化的言论和活动，出版后迅速风靡全球且长盛不衰。我在读《歌德谈话录》时，如同见到云蒸霞蔚的海天一色，真想像浮士德般高呼："真美啊，请停留一下！"而我所能做的，也就是捡几只海螺回来以倾听海的声音。

　　歌德与爱克曼交谈涉及的话题之广、思想之深令我吃惊，因为歌德自己就是一个全面发展的人。《不列颠百科全书》称他为文艺复兴时期伟大的知名人物中"争取成为多面手的最后一个欧洲人"，说他是一个兼有诗人、剧作家、评论家、画家、剧院经理、政治家、教育家、自然哲学家以及新闻工作者等多种身份的人。他不但是世界公认的文学巨匠，同时还在色彩学、矿物学、植物学、生物学等领域作出了令常人难以企及的贡献，甚至还向自然科学界的泰斗牛顿发起了挑战。

　　德国人向来崇尚理性，擅长哲学思辨，而身为德国人的歌德却公开反对："总的来说，哲学思辨对德国人是有害的，因为它会使得他们的风格流于晦涩。他们愈是醉心于某一哲学学派，他们的写作就越是恶劣。但是那些热衷于实际生活和现实事务的德国人却写得最好。""让我们希望和期待一百年后我们德国会是另一个样子，看那时我们是否不再有学者和哲学家，而只有人。"……在歌德看来，"完整的人"才是人的发展的最终目标。

　　"完整的人"在歌德身上得以完美体现：他在注重理性的同时，也看重感性；在尊重客观事实的同时，也维护主观精神；他怀疑分析的方法，热衷于综合的方法；他反对机械论的世界观，提倡有机论的世界观。歌德认为，即使在科学研究中也不应忽略了人的精神和人的心灵。

歌德自己不仅是"完整的人"，而且呼吁培养"完整的人"："有人说得很对，人的才能最好是得到全面发展，不过，这不是人生来就可以办到的。"但是歌德的愿景，即使到了当下，也是未曾完全实现。在全球经济一体化的背景下，每个个体都被要求更"专门化"。英国哲学家怀特海曾经指出：把教育的目的规定在"培养专门家"及"实用人才"上，这样的教育必然偏重于"知识的分析"与"公式的求证"，由"抽象的概念"到更多的"抽象的概念"。这样的教育培养出来的人，可能是专业的，但也必然是单一的；可能是实用型的，但也必然是工具型的。针对现代教育的这一偏颇，怀特海倡导教育要重视对人的感性的、直觉的能力的培养，要注意到知识的有机整体性、某一知识在特定情境中的意义，不但要能够"理解太阳、大气层和地狱运转的一切问题"，还要能够感受到"夕阳西下时那迷人的光辉"。怀特海的声音可算是对歌德的遥远呼应。

歌德是勤奋的。他说："我这一生基本上是辛苦工作。我可以说，我活了七十五岁，没有哪一个月过的是真正的舒服生活。就好像推一块石头上山，石头不停地滚下来又推上去。"格尔茨在他的《歌德传》中曾发出这样的感慨："许多人后来都在谈论歌德的'天才'，但是他们忘记了，他是一位勤奋的天才和一位十分会工作的大师……他从不放过任何一个瞬间去思考过去，思考他成长起来的时代。"

歌德是谦虚的。直到晚年，已经成为世界伟人的歌德，在日常谈话中还念念不忘自己曾经向别人学过了什么。他说："如果我能算一算应归功于一切伟大的前辈和同辈的东西，此外剩下的东西也就不多了。"歌德不仅把他的敬意献给了莎士比亚、莱辛、莫里哀、席勒等文学大家，甚至还给了比他年轻且出身寒微的法国诗人贝朗瑞。

因为勤奋不懈，歌德一直处于激情洋溢的青春状态中。在生命的最后几年中，歌德仍在坚持创作《浮士德》，并且告诉爱克曼，浮士德得救的秘密就隐藏在这几行诗里："谁肯不倦地奋斗 / 我们就使他得救 / 上界的爱也向他照临 / 翩翩飞舞的仙童 / 结队对他热烈欢迎。"歌德就是这样"不倦地奋斗"过完他的一生的。

这本书最打动我的地方，是歌德的人格魅力。

可以先从歌德与席勒的交往谈起。歌德比席勒年长 10 岁，而且两人的性格并不相同，席勒重理念、性情偏激、容易冲动，歌德则重感性、性情宽和、行为沉稳。但由于在文学上的志向一致，两人走到了一起。两人在订交的 10 年里一共通信 2000 多封。歌德说："他给我的一些信是我所保存的最珍贵的纪念品……我把他给我的最后一封信当作我宝库中一件神圣遗迹珍藏起来。"尽管如此，歌德仍不放弃对席勒弱点的批评。既是挚友，又是净友，这才是真正的朋友。席勒不幸亡故，歌德自己也大病一场，甚至在一段时间里中止了写作。席勒去世后，欧洲文坛上争论歌德与席勒之间究竟谁更伟大些，歌德对此付诸一笑："其实有这么两个家伙让他们可以争论，他们倒应该感到庆幸。"

歌德一生也遇到过许多反对他的人，但是他并不因此而把对方否定掉。他把对手分成五类：一是愚昧无知，歌德认为是可以原谅的；二是出于嫉妒而反对，歌德决心要使自己变得更加强大；三是因自己的成功而使别人受到了压抑以致反对，歌德表示理解；四是指责自己确实存在的缺点，歌德认为要"努力提高自己的品格"；五是因思想观点、思想方法的差异而反对，歌德认为很正常。由于歌德在与人交往中采取了这种宽厚而洒脱的态度，所以他自豪地对爱克曼说："我感到惊讶的倒不是我有那么多的敌人，而是我有那么多的朋友和追随者。"

感受了歌德的伟大人格，我们便能深切地理解他的一些艺术主张："在艺术和诗里，人格确实就是一切。""如果想写出雄伟的风格，他也首先就要有雄伟的人格。"歌德把"人格"放在艺术之上。歌德所欣赏的人格是伟大、伟岸、雄伟、崇高的人格。他非常厌恶当时社会上孱弱、病态的风气。

他认为艺术作品必须显示出伟大的人格和魅力，而前提是创作者本人必须具有伟大的人格和魅力。

"人格就是一切"，虽有夸大之处，但我们不难体味歌德对"人格"的高度推重。在歌德看来，从事艺术创作，绝不仅仅是靠知识、技巧、聪明、才华，甚至也不仅仅是靠思想、观念，艺术创作是生命的整体活动。真正的艺术作品应当"是一个精神熔炉中熔铸出来的，是由一种生命气息吹嘘过的"。歌德启示我们教育工作者，教师的人格，就是教育的一切！教师的成长，既有专业水平的提升，更有人格境界的提升。

超越俗世的灵魂芳香

——读《金蔷薇》

作为诺贝尔文学奖候选人提名的帕乌斯托夫斯基，思想深邃厚重，语言清新优美。他的《金蔷薇》被译介到中国后，成为一代人的精神再生之源，带给人挥之不去的理想主义、浪漫主义情结，激发起人们对自然、对生活、对人类的爱和对美的锲而不舍的追求。重读《金蔷薇》，心情依旧难以平静。我更愿意将其视作伟大的心灵史诗，而不仅仅是探讨文学创作的美文集。

帕氏以一种忧伤的笔调讲述了"金蔷薇"的故事。

善良的退伍兵让·夏米，相貌丑陋，以清理作坊垃圾为生。一天，他遇见了早年照料过的一位姑娘苏珊娜，并再次伸出援手。苏珊娜修复了情感裂痕后被她的男友接走，而夏米却被一种温柔的情感折磨着，他自卑、怯懦、羞愧……他暗暗祈愿姑娘能遇到真爱，并冒出一念头——送一朵传说中能带来幸福的"金蔷薇"给她。从此，每天夜里，夏米都背着一个巨大的垃圾袋回家，里面装着从首饰作坊里扫来的尘土，他不停地扬着尘土，一直到见到隐约的金粉……金粉日积月累，终于铸成了一块金锭，并被一位老工匠打成了金蔷薇。当蔷薇花终于打成的时候，夏米才得知苏珊娜已在一年前去了异国，且没有留下任何地址。夏米在忧伤和孤独中去世，金蔷薇则被觊觎已久的工匠拿走，卖给了一位老文学家。

帕氏借老文学家之口道出了文学创作的性质："每一分钟，每一个在无意中说出来的字眼，每一个无心的流盼，心脏每一次不易觉察的搏动，一如杨树的飞絮或者夜间映在水洼中的星光——无不都是一粒粒金粉……而作家，以数十年光阴筛选这种微尘，不知不觉将其聚拢一起，熔成合金，然后铸出我们的'金蔷薇'——小说，散文，长诗。"

"扬起尘土——聚拢金粉——打成金蔷薇"，我被这个生动的比喻吸引了。作家创作的艰辛、劳碌与忍耐，以及对无法预期的结果的期许与忐忑，在这个故事中如此醒目地凸显。教育工作又何尝不是如此？扬弃尘土，寻找金子，在这个漫长的过程中，我们更需要多一份执着与用心。但我更被这个故事本身打动。自卑、羞怯的老人欲将他积蓄的满腔温情给予心爱的姑娘，而姑娘早已杳无音讯，老人在寂寞中死去。帕氏讲的是一个牺牲自我与默默祝福的温柔主题，这个主题甚至可以上溯至耶稣受难的母题。

想象是一种诗性的存在方式，这是《生命力的发端》一文给我们的启示。在西班牙最荒凉的某地，住着一个既老且穷的小贵族。世事多艰，他的心早已像荒原上那棵黑色枯树一般阴沉。然而，一个从哥伦布探险归来的水手，偶然间向他谈起海外那奇异而美丽的新土地，并留下一扇贝壳作为纪念。在当夜的暴风雨中，小贵族忽然在闪电照亮的贝壳深处，看见蔷薇色的光辉，泡沫和云彩化成仙国的幻景。于是，他买船驶向大洋深处。历经无数危险，终于在朝霞中，海上呈现出一片五光十色、光辉灿烂的国土。烟水弥漫中，无数道彩虹似从陆地上赶来迎接帆船。小贵族终于看到幻境成为现实，幸福地死去了。据说，佛罗里达就是这样被发现的。

帕氏动情地说："对想象的信任乃是一种力量，可以促使人到生活中去寻找他所想象的东西，为其实现而斗争不息，促使人不顾一切地去响应想象的召唤，就像那个年老的小贵族一样，最后在现实生活中创造出他所想象的东西来。"一个丧失了想象力的人，生命之火奄奄一息，正如西班牙那个小贵族远航前的干枯生命；而经由想象之手的神奇抚摸，他内在的生命开始复活并变得充盈、丰沛。想象是一种诗性的存在方式，它能够引导人类走出荒野。

《夜行的驿车》这篇文章让我久久颤栗，因为它告诉我：伟大的爱总伴随着忧伤。

一个秋夜，星星在深蓝色的天空中闪耀。从威尼斯到维罗纳的驿车上，面对着三位中途搭车的纯朴姑娘，安徒生才思敏捷，编造了一个以自己为主角的故事，而坐在他身边的俏皮女子，则成了他故事中的另一个主角。这位有着精致情感的贵妇，也正适合当这一主角。有束美丽的花在驿车上悄悄绽放。

驿车在黎明时到达维罗纳，安徒生已狂热地爱上了这位同车女子。黄昏时，他怀着坚定的心情来向贵妇告别。因为他想，如果任随爱情燃烧，他那五彩缤纷的童话将会离去，而他的生命也将枯萎。面对贵妇爱的表白，安徒生拒绝了，他告慰自己，"只有在想象中爱情才能天长地久"。她凄然地说："看来您在自己的生活中却是害怕童话的。"安徒生承认这是他沉重的十字架。

她悲伤地说："有什么办法呢，我的亲爱的流浪的诗人……但今后如果您由于年老、贫穷和疾病而感到痛苦的话，那您只要说一句，我立刻就去，徒步走过积雪的高山和干旱的沙漠，到千里之外去安慰您。"

安徒生离开时，全维罗纳响彻着晚祷的钟声。

这个故事并没有结束，安徒生逝世前不久，曾对一位青年作家说："我为我的童话付出了巨大的代价，我要说，是大得过分了的代价。为了这些童话，我断送了自己的幸福，我错过了这样一段时间。那时，尽管想象是那样有力，那样光辉，它还是应该让位给现实的。"

不要以为安徒生不珍爱自己的艺术。这是一个垂危的老人对青春的缅怀和对生命的留恋。帕氏借安徒生之口道出了文学家为创作所付出的巨大代价，这里面就包括幸福的爱情。

但这个故事最打动我的句子是——"全维罗纳响彻着晚祷的钟声"。在这钟声里，安徒生重新踏上流浪的路程；在这钟声里，贵妇轻轻地擦拭着眼角的泪花；在这钟声里，温柔再次问候了浮生。这是极具美学意义的钟声，也是极具俄罗斯精神的钟声。这钟声响在俄罗斯广袤的草原上空，也响在西伯利亚的冰天雪地里。这钟声一直贯穿于俄罗斯的受难文学，启示着我们去领悟耶稣十字架受难的意义：爱的实现是与受苦和牺牲联系在一起的，伟大的爱总伴随着忧伤，这是爱在此生此世的必然遭遇。

想起刘小枫的一段文字："它（《金蔷薇》）使我们已然开始接近一种我们的民族文化根本缺乏的宗教品质，禀有这种品质，才会拒斥那种自恃与天同一的狂妄；禀有这种品质，才会理解俄罗斯文化中与被钉死在十字架上的耶稣一同受苦的精神；禀有这种品质，才会透过历史的随意性，从存在论来看待自己的受折磨的遭遇。"在恶愚强力超逾神圣的当代，让我们从毫无畏惧的浅薄中走出来，体味"维罗纳晚祷的钟声"带给我们的肃穆与庄严。

一个有着宗教信仰和灵魂皈依的民族是令人崇敬的。当"维罗纳晚祷的钟声"响彻华土时，灵魂的芳香必将飘荡开来……

每个人都是一个战场

——读《九三年》

      九三年，指的是法国大革命时期一七九三年这个充满急风暴雨的年代，一个革命力量与反革命力量展开生死搏斗的年代。这年年初，新生的共和国把路易十六送上了断头台，国内外反革命势力联合进行疯狂的反扑：国外，英国伙同普鲁士、奥地利、西班牙等国组成反法联盟，从三国进攻法国；国内，保王势力在旺代发动叛乱，威胁巴黎，企图里应外合，把共和国扼杀在摇篮中，复辟封建王朝。共和派以暴抗暴，严厉镇压反革命，大力平定旺代叛乱，造成了法国历史上著名的"恐怖时代"。

      在血与火的年代里，每个人都被卷入了那场时代的风暴中，翻滚，打转……维克多·雨果既用如椽巨笔描绘了宏大的历史画卷，更将深邃犀利的眼光朝向了人性深处的矛盾纠结。在心灵的电光火石间，雨果记述下一部伟大的心灵战争史。

      叛军首领朗德纳克是一个流亡国外的侯爵，在英国的指使下潜回法国，在旺代发动了叛乱。他是一个极其顽固的保王党，充分意识到自己作为叛军首领所肩负的重任。他坚毅、沉着、勇敢，富有军事才能，在当地有着极大的号召力。他极其冷酷残暴，下令焚烧村庄，杀死伤兵，屠杀俘虏。他的残暴不仅是由于他的本性，也由于他对革命的刻骨仇恨。他不惜出卖民族利益，欲引英国军队登陆，与革命力量进行一场你死我活的战争，他是共和国最凶恶的敌人。

      但就是这样一个凶猛残暴、顽固不化、嗜血成性的恶魔，从暗道成功地逃出了被包围的城堡，重新获得安全和自由，却为了救出快要被大火吞噬的三个孩子，毅然重返城堡，勇敢无畏地冲进大火，又从容不惧地接受了逮捕。

雨果的这处情节安排受到质疑。一个杀人不眨眼的恶魔，会为了三个孩子而甘冒丧生的危险？我更愿将这种安排看作浪漫主义作家对正义和纯洁的颂歌："因为尚未开始生活的孩子没有干过坏事，他就是正义，就是真理，就是洁白无瑕，天上的众多天使存在于幼小的孩子身上。"

雨果的高明在于，他没有直接描绘朗德纳克那一刻的心理，而将其留给了读者去体悟。可以想象，那一刻，朗德纳克的心灵发生了一场善与恶、纯洁与卑劣、崇高与渺小的殊死战斗。一边是熊熊燃烧的复仇火焰，一边是三个孤苦伶仃、懵懂无知、只会微笑的孩子。没有更多的犹豫，良心的天平倾向了弱者。朗德纳克选择了牺牲自我，也选择了救赎自我。

朗德纳克被捕后，灵魂的搏斗又在郭万身体内发生了。共和国的年轻司令官郭万也出身贵族，而且是朗德纳克的侄孙。为了保卫共和国，平息旺代叛乱，他身先士卒，冲杀在枪林弹雨中。多尔一战，充分显示了他智勇双全的军事胆略和指挥才能。他宽待俘虏，医治伤兵，对俘虏进行说服教育，释放叛乱地区的妇女、儿童，而这与当时国民公会的"绝不宽大"的政策相违背。郭万是雨果心目中的理想英雄。

当看到自己的死对头朗德纳克竟然冒着一切危险，不顾一切代价，高傲地救出三个孩子，同时也甘心交出自己的脑袋时，郭万的心灵也发生了一场战斗。一方说，这个伟大的军人为了搭救三个孩子不惜献出自己的生命，杀害这样的老人只会让共和国满脸通红；另一方说，这是一个杀人恶魔和叛军首领，放了他就等于背叛法兰西共和国。这场战斗的双方是人道和国家，郭万最终选择了前者，因为他相信：在革命的绝对真理之上，还有人道的绝对真理。这也是人道主义作家雨果一向的主张，他认为人的归属依次为父母、老师、城市、祖国、人类，这五个阶层依次递升，对全人类的关爱是人的终极关怀。

天平之上还有七弦琴，人道情怀超越国家利益。雨果无愧为伟大的作家，他的作品浸透着悲悯与大爱。郭万放走了朗德纳克，而把自己送上了断头台。人道的殉难者，用生命宣扬了他的主张。

小说的另一重要人物西穆尔丹，更是矛盾的化身。作为公安委员会特派员，他对封建专制制度充满强烈的恨。他坚决拥护国民公会"绝不宽大"的命令，认为对敌人必须有铁石心肠，绝不能心慈手软，因此，他反对郭万对敌人的宽容，多次提醒并警告。他和郭万分别代表恐怖的共和政府与宽大的共和政府，而这两派水火不容。西穆尔丹还有一个身份——郭万的家庭老师，他对郭万有着父亲般的宽厚的爱，对年轻有为的郭万寄予了殷切的热望，他曾两次救过郭万的性命，处处呵护着这位年轻人。

当得知郭万放走了朗德纳克后，西穆尔丹那颗坚强的心应该碎裂成片，不是为对手的逃跑，而是为心爱学生的背叛。他的痛苦在于，他始终不能走进郭万的世界，他对郭万所描绘的理想社会图景完全陌生，但是他又极度喜爱他的这位学生。理性认知与道义情感，把他撕成了两半，所以，当郭万人头落地之时，他也选择了开枪自尽。

雨果的卓越，在于他描述了灵魂深处的搏斗。人是怎样的一个战场啊！善与恶、爱与恨、纯洁与卑劣、崇高与渺小、博大与狭隘、勇敢与怯懦……卡里·纪伯伦对人类有一句精确的概括："我们既不是那最宏大的，又不是那最微小的，我们是连结了那最宏大和最微小之物的桥梁。"人性的复杂，在于它始终是流动不定的。一个有深度的生命，只有到生命的终了才会停下灵魂的搏斗，而浅薄的生命常常规避矛盾、拒绝战斗。

善战胜了恶，人生获得了超越与解救，这固然是浪漫主义作家的理想结局，但人生的意义不正体现在这战斗和超越的过程本身吗？每个人都可以成为一个战场。同样，每个人也都能在这场战争中成为英雄，走向高贵！

把生活散文解救成了诗

——读《大卫·科波菲尔》

查尔斯·狄更斯是十九世纪英国文学史上最优秀的作家，被马克思亲切地称为"杰出的小说家"。《大卫·科波菲尔》是狄更斯的带有自传性的扛鼎之作，正如狄更斯自己所言"在我心底深处有一个孩子最为我宠爱，他的名字叫大卫·科波菲尔"。这部长篇小说也是世界文学史上的一部杰作，曾被列夫·托尔斯泰誉为"一切英国小说中最好的一部"。

茨威格在《狄更斯传》中这样评价："他（狄更斯）把平庸乏味的生活散文解救成了诗。"从平凡、平淡乃至平庸的生活中发现诗，让诗一样金灿灿的阳光穿透浓厚的乌云普照众生，这是我阅读这本小说时的最大感受。

大卫的成才不可不说是一个奇迹，他有着很多踏上另一条路途的可能而他只坚定地选择了自己的路走下去。继父摩德斯通对他幼小心灵肆意蹂躏。母亲去世后，小大卫遭到了抛弃，年仅十岁即做上了童工，靠着可怜的薪资苦苦度日。忍无可忍的情况下，他从公司出逃投奔姨母，仅有的钱却被抢骗一空，他变卖外衣，露宿野外，形同乞丐，向着一个不确定的前方走去……

大卫有着强大的"精神胚胎"，即便处于绝境，心灵也能产生足够强大的动力，推动他向上。大卫的"精神胚胎"究竟是如何形成的呢？它吸收了外界的哪些营养呢？

保姆辟果提给大卫的精神成长提供了丰厚的营养液。尽管地位卑微，但辟果提却是一个十足的"精神富翁"，她善良，正直，仁慈，负责，忠诚，无私，重情……大卫被关禁闭时，连大卫母亲也被禁止与其见面。在大卫最为孤绝的境况下，辟果提，偷偷地，冒着被解雇的危险，通过钥匙孔与大卫交流，将她的爱通过小小的钥匙孔传递给了可怜的小大卫。

还有辟果提的哥哥辟果提先生一家，他们贫穷卑微但淳朴善良，让小大卫感受到底层生活的艰辛与精神的富足。对小大卫产生精神影响的自然还有他美丽而单纯的母亲。尽管她柔弱处顺甚至不敢阻拦摩德斯通姐弟俩对大卫的蹂躏，但她对大卫的爱却无限深厚。爱，是一种心理能量。她给小大卫的"精神胚胎"注入了丰富的爱的营养液。

阅读，对小大卫的精神发育也有着不可估量的影响。他的父亲在楼上小房间中留有一小批书，因而小大卫能从那"天赐的小房间"中取出书来自由阅读。阅读丰富了贫瘠的童年，保养了纯真的天性，大卫也有感而发："他们（书中的人物）保全了我的幻想，保全了我对于当时当地以外的某种东西所抱的希望。"

狄更斯对底层百姓怀有一种动人的崇敬之情，普通人物的命运在他的书中有着青铜一般的诗的光泽。茨威格这样评价："他就是这样从普通人的胸中取出来很多细小的、被人轻蔑的感情，仔细听听，装配上齿轮，直到它们都又生机盎然地滴滴答答出声为止。骤然间这些东西都像音乐闹钟一样开始嗡嗡作响，隆隆出声，继而唱起温柔古老的曲调来。那曲调比起传奇国土里忧郁伤感的骑士叙事歌谣和湖上夫人的抒情歌谣更为悦耳动听。"

辟果提先生就是这样一个被开掘出来的唱着温柔古老的曲调的普通人。鳏夫辟果提先生靠捕鱼为生，收养了海穆和爱弥丽。他对爱弥丽极为疼爱，是父亲对女儿的那种宽厚无私的爱。爱弥丽从小就有一个梦想，想成为富家太太，使舅舅辟果提过上美满生活。于是，当英俊的浪荡公子斯提福兹出现在她的生活中时，她背弃了与海穆结婚的承诺，毅然选择了与斯提福兹私奔。辟果提先生遭受了严重的创伤，但他更担心爱弥丽的命运，毅然决定独自一人四处去找她，他临别时说："假如我遇到任何不幸，记住，我留给她的最后一句话是，'我依旧爱我那宝贝孩子，我饶恕了她！'"

从此，辟果提先生开始了漫长的找寻苦旅。这位倔强的老人怀着那份坚定的爱，走过一个又一个城市、村镇，寻找他迷失的外甥女。这是一场遥遥无期的旅途，辟果提先生用他的余生作为抵押："我要走一万英里，我要走到倒毙的时候，一定要把那些钱（爱弥丽私奔后寄给他的）放在她面前。假如我办到这一点，也找到我的爱弥丽，我就满足了。假如我找不到她，她或许有一天听到，她的舅舅直到生命完结时才停止了找她；假如我知道她的为人的话，单是这消息也可以使她终于回她的家！"一个普通渔夫的心里竟藏着如许深厚、博大、无私的爱！狄更斯把这种圣洁的忧伤之爱，渲染得刻入骨髓、催人泪下。

狄更斯的表达具有诗的特征。他善于拨开生活冗杂的碎片而直抵存在的本质。大卫的成长经历可谓头绪纷繁、复杂多样，如要一一叙来，即便扣人心弦，也只是故事的杂烩和命运的刻录。而狄更斯却能凭着艺术家的本能，从纷繁的生活表象下发现存在的本真，将生活散文的碎片解救成了诗。

狄更斯的眼力总能帮助我们直抵人物内心的最深处。他刻画"小气"的脚夫巴吉斯在临死前这样对待藏财物的箱子："他教人把那只箱子放在床旁的椅子上，从那时以后，他就日夜搂抱它。现时他的胳臂放在那上面。时光和世界都在他下面溜走了，但是那只箱子在那里。""但是那只箱子在那里"，似乎含着一种幽默嘲讽，但绝对是善意的，下文巴吉斯的遗嘱即为例证。德国作家伯尔说，查尔斯·狄更斯有一双湿润的眼睛。他如此描绘这双眼睛：既不完全干涩，也不充满泪水，它是湿润的——湿润的拉丁文叫幽默（Humor）。

狄更斯的幽默风趣的风格，使得他的作品洋溢着一种诗意的氛围。肥胖的辟果提保姆稍一用力就向四处爆飞的纽扣；密考伯因债务入监狱时，使"他羞愧得不得了"，"随后半个钟点"，他却"擦亮他的靴子，带着比平常格外体面的神气，哼着一支曲子出去了"；狄诚然先生记叙自己不幸遭遇的那份永远写不完的"呈文：贝西姨婆对于驴子的仇视和恐惧"……在狄更斯的作品中，我们发现生活不再平庸乏味，而是趣味盎然。

要真正理解狄更斯，我们必须理解英国的维多利亚时代。当时的英国处于鼎盛时期，富裕安逸的英国是满足和沾沾自喜的。狄更斯不幸地为他的时代所控制，"（狄更斯）不想进行彻底变革，重新创建，而只想修正和改良，只想在社会不公正现象的荆棘过分尖利并刺得疼痛难忍的地方把荆棘磨掉，减轻一点痛苦，但是绝不去挖掉和捣毁它的根——最内在的原因"（茨威格语）。因此，狄更斯就如同在小人国里被网缠住的现代格列佛，他只能始终处在英国的传统威力之下，处于资产阶级的趣味之下，通过幽默的表达、诗意的力量、仁厚的情感，来调剂一下原本平庸的生活。

但是，狄更斯创造了伟大的奇迹。《大卫·科波菲尔》出版后，狄更斯达到了事业的巅峰。这本书一版再版，风靡全球，为狄更斯带来滚滚财源和更高声誉。不必苛求狄更斯的完美，我们更应该思考狄更斯之于当代的意义——如何把平庸的生活散文解救成为诗。

朗读，让生命踏上温暖归途

——读《朗读者》

    小说《朗读者》是德国作家本哈德·施林克出版于 1995 年的作品。这部被先后翻译成三十九种语言的小说在不同的国家文化中获得了广泛的喜爱和共鸣，成为第一部登上《纽约时代》杂志畅销书排行榜首的德语图书，并获得法国、意大利等国重要的文学奖项。

    德国人说，不论问哪个读过《朗读者》的人，对方都说"我把它一夜看完"。由钱定平翻译的中文版《朗读者》，同样受到了国内读者的欢迎。曹文轩在该书序言中说："有没有人将它看成是经典，我不在意，但在我这里，它就是经典——至少具有经典的品质。"作家毕飞宇也情不自禁地赞叹："《朗读者》无疑是我看到的最好的书之一。"……我们有充分的理由相信：这是一本正在形成中的经典（canon）。

    这部小说分三个部分。第一部分讲述的是战后德国 15 岁的少年米夏邂逅了一位 36 岁的德国女人——汉娜，两人发生性关系。在每次性爱之前，汉娜都会要求米夏为她朗读。几个月后，汉娜突然失踪，米夏万分痛苦，四处寻找，却毫无结果。第二部分是八年后，已成为法律专业大学生的米夏，在法庭旁听一个涉嫌纳粹集中营的审判中，意外地看到了被告席上的汉娜，原来她是一名纳粹集中营看守。在审判过程中，米夏逐渐发现了汉娜是文盲。他本可以告诉法庭这一事实，争取法庭对她的从轻量刑，可是米夏没有这么做。第三部分汉娜终于被判终身监禁，米夏一直朗读作品，并将录音带寄给汉娜。十八年后，当汉娜可以走出监狱，获得重见天日的机会时，她却在米夏去接她的那天的黎明时分，上吊自杀了。

"一千个读者就有一千个哈姆莱特"，曹文轩欣赏小说叙事的庄重，毕飞宇认为《朗读者》是一部关于尊严的书，池莉说是人类对自己生存理由的质询，而肖复兴则认为是帝国"第二代"最为深刻的反思小说……真可谓是"说不尽的《朗读者》"。

而作为一名教师，尤其是一名语文教师，自然对"朗读"有着特殊的敏感。我发现，几乎所有的解读，都绕不开"朗读"。汉娜为什么如此需要"朗读"？谁是"朗读者"？为什么"朗读"能使男女主人公远离欲望，生命变得醇厚，爱情获得升华，罪过获得救赎？……

依照小说前后次序的编排，"朗读"在小说三部分中各有典型语境。在第一部分中，"朗读，淋浴，做爱和并排小睡，成了我们幽会的常规节目"，"朗读"是汉娜与米夏性爱前的一道不可或缺的程序。第二部分的"朗读"是在纳粹集中营中秘密进行的。集中营内体弱多病的柔弱女孩会被汉娜选为朗读者，而到了第二天这个女孩就会被送往奥斯维辛。在第三部分中，米夏录朗读，然后将录音带寄给监狱里的汉娜，而汉娜也在录音带的帮助下，学会了识字、写字。

为什么汉娜对"朗读"有着近乎病态的需求？我认为，这是一个文盲对知识的渴求，一个普通人对文化的自觉追寻与顺从。不识字的汉娜对于书籍有着神圣的敬畏之情，她在"我"父亲书房里，轻轻抚摸书脊，感觉自己像是"闯入者"，并拒绝在"我"床上睡觉。

我一直在想，汉娜是凭她成熟、美丽的身体吸引了 15 岁的米夏，而"小家伙"米夏又是凭什么获得 36 岁的汉娜的爱情？当我读到"她蜷曲在我怀里"听"我"朗读时，我找到了答案——知识。如果说米夏的爱情是由肉体的吸引转化而来的，那么汉娜的爱情则是由精神的崇敬转化而来——一个目不识丁的女子对代表知识的"朗读者"的崇敬。

我不能不惊异于"朗读"给汉娜和米夏带来的变化。

作为集中营的看守，汉娜与其他几位女看守，眼睁睁地看着 300 名囚犯被烧死在教堂里而不愿打开大门让其逃生。汉娜的解释是："如果开门会一片混乱，我们该怎样恢复秩序？"为了维护秩序而让 300 条生命消失，极权统治的毒汁已渗入了汉娜的血液。

所幸，"朗读"拯救了汉娜。我很愿意将汉娜在法庭上不随流俗、坚守真诚的个性，看作是她倾听"朗读"所获得的生命厚礼。不仅如此，倾听"朗读"还使得她将眼前的世界看得澄澈、明晰。"很奇怪，常常是汉娜先写到了某件事，例如连翘花已经开啦，夏天的雷雨天啦，鸟儿怎样聚会在一起啦，我才注意到外边真是这么一回事。更有甚者，汉娜对于文学的体验和评论经常十分准确，令人惊诧。"而透过汉娜的临终遗愿——将储蓄下来的七千马克交给教堂大火中幸存下来的那位女儿，我更能感受到一颗心经由"朗读"，变得圣洁和仁慈。

我们也不能忽略"朗读"对于"朗读者"米夏的重要影响。从一个顽劣厌学、经常逃课、不思进取的少年，到一个成熟稳重、善于思考、敢于担责的优秀男人，米夏完成了人生的成功蜕变。尽管他感叹"曾经汉娜难为水"，但我认为，他几十年来所朗读的书籍内容对他的影响不亚于对汉娜的影响。我们来看看他这几十年来朗读过的一些书吧，有《爱米丽亚·迦洛蒂》《阴谋与爱情》《一个窝囊废的生涯》《战争与和平》《奥德赛》……以及施尼茨勒和契诃夫的短篇小说，还有诗人海涅、默里克的许多杰作。米夏多么幸运啊，通过"朗读"，他让这些人类最优秀的精神、文学宝库里的精华"深深铭刻在脑海里"，伴随一生。

德文"Der Vorleser"意为"出声朗读的人"。出声朗读，确实有别于默默阅读，但它们同样依赖于语言。无论是出声朗读，还是默默阅读，因为有了语言的参与，它们都对人本身产生了重要影响。海德格尔坦言，语言是最切近人的本质的，是人之所以为人之根本，人通过语言而被带入其本己。汉娜与米夏就像大地上的异乡者一般，两个孤独者借助"朗读"踏上了温暖的归家之旅。汉娜曾告诉米夏："我一直有一种感觉，就是人家不了解我……你明白吗，如果没人理解你，那么，也就没人能要求你讲清楚，就是法庭也不可以要求我。"而借助于阅读,汉娜消除了孤独感,成为了自由的、自主的人,找到了归家之途。

我始终坚信,阅读是个体生命与整个人类融合的通道。人一出生就离开了母体,开始了孤独的旅程。每个人只随身携带了一张地图,只有在不断地阅读中,才能找到回家的路径。作为教育工作者,我们应不断鼓励学生进行自主阅读,我们应从生命的角度来深刻读解苏霍姆林斯基的教诲:"我坚定地相信,少年的自我教育是从读一本好书开始的。""一个真正的人应当在灵魂深处有一份精神宝藏,这就是他通宵达旦地读过一二百本书。""如果少年、男女青年没有自己心爱的书和喜爱的作家,那么他们的完满的、全面的发展就是不可设想的。"

没有真正的阅读,就没有教育。教育,应该从经典阅读开始。而所谓经典书籍,可以借用卡夫卡的一个评价标准:"必须是凿破我们心中冰封的海洋的一把斧子。"《朗读者》一书,就是这样的一把斧子,它凿开我们心头的冰层,让暖流涌出。如果你还没有阅读《朗读者》,就请你专门为它留一个宁静而专注的夜晚吧。

美国精神之父留下的财富

——读《富兰克林自传》

读罢《富兰克林自传》，最引我注目的是他的道德完善计划。

富兰克林是人类史上少有的道德和理性都趋于完美的人。他为自己制定了 13 项道德准则：1. 节制（饭不可吃涨，酒不可喝高）；2. 沉默（于人于己不利的话不谈，避免碎语闲言）；3. 秩序（放东西各归其位，办事情各按其时）；4. 决心（决心去做该做的事情，做就做到心想事成）；5. 节俭（不花于己于人没有好处的闲钱，杜绝浪费）；6. 勤奋（珍惜时光。手里总忙有益之事。剪除一切无谓之举）；7. 诚信（不害人，不欺诈，思想坦荡，公正，说话实事求是）；8. 正义（不损人利己，伤天害理的行为永不沾边，利公利民的应尽义务，切勿放手）；9. 中庸（避免走极端，忍让化冤仇）；10. 清洁（身体、衣着、居所，不许不干不净）；11. 平静（不可为小事、常事或难免之事搅乱了方寸）；12. 贞洁（少行房事，除非为了身体健康或传宗接代；千万不可搞得头脑昏沉，身体虚弱，或者伤害自己或他人的平静或声誉）；13. 谦卑（效法耶稣或苏格拉底）。

富兰克林专门订了一个小本子，一项美德占一页。每一页有一张表格，十三行七列，一行代表一周，在每行的开头写上一项美德。一周对一项美德严密监视，每天晚上会用小黑点及时标记出这一天的过失。十三周完成一个流程，一年四个流程。要使这个计划坚持下来，并使本子逐渐没有黑点，是相当困难的，然而富兰克林做到了。他启发了十八世纪美洲人民的道德伦理，成为当时乃至后世人们的道德楷模。

不仅如此，富兰克林的那个小本子上还有一天二十四小时的活动计划，计划的左侧写有两句话："晨问：今日我将做什么好事？""夕问：今天我做了什么好事？"富兰克林的道德完善计划使我想起了儒家的"三省吾身"："吾日三省吾身，为人谋而不忠乎？与朋友交而不信乎？传不习乎？"二者不同的是，儒家侧重于人际交往方面的自省，较为粗疏；而富兰克林的道德完善计划，侧重于对内在品德的修炼，具体实在，且有较强的操作性。然而，两者的共通点，都强调自我的反省对道德完善的意义。

在美德完善计划的驱动下，"做好事"成了富兰克林的追求，主要体现在公益行动上。他说，世界上最高尚的问题是：我能做什么好事？所以他一生都在寻找并丰富这一问题的答案。城市巡夜形同虚设，富兰克林撰文直陈弊端，力主改革；火患猛如虎，富兰克林敲响了警钟，消防队应运而生，使费城从没有过因火灾被毁两次以上的房屋；百年大计，莫如树人，富兰克林为学院设计方案，物色人员，计划一度搁浅仍然不屈不挠，直到事成；医院建设计划行将流产，富兰克林参与后献计献策，使之起死回生；费城街道宽大整齐，但一遇下雨便泥潭丛生，一旦天气干燥就灰尘四起，富兰克林发起了铺路工程……

富兰克林的许多公益事业都是他身为一介平民的时候提议、奔走、鼓吹、出资兴办的，而且总是小心谨慎不把功劳往自己一个人的账上记，这一点对于固守"不在其位，不谋其政"观念的人来说实在可敬可叹！有大胸怀的人，才不会受身份的拘囿，而能勇敢表达自我意见，为公众利益奔走。我们每位教育工作者也应该有大胸怀、大眼界，去除利己思想，着眼于民族素养的提升和全人类的解放。如今，"为人民服务"的精神似乎离我们越来越远，但我们教育工作者应该自觉负起一个责任：培养学生的公民意识和担当精神。

在读《富兰克林自传》时，我注意到富兰克林注重细节的特点，他做事的特点是，从小事做起。他居然在自传里摘录了他的伦敦清扫方案的五节文字，方案之细连运泥车的格子底部怎样放草渗水都一一写明，他没有忘记对这件小事进行升华：

有人可能觉得这些小事不值得留心或叙述。在刮风的日子里，灰尘吹进一个人的眼睛里，或者一家店铺里，那是微不足道的小事；可是，在一个人口众多的城市里，这类事情数不胜数，而且频频发生，那它就是一件至关重要的大事。考虑到这一点，也许他们就不会过分责难那些关注表面上是小事的人了。造成人类幸福的与其说是千载难逢的大好运，倒不如说是天天发生的小便利。

这就是富兰克林的"小事哲学"：从小事做起，办成大事；从小事中，发现哲学。"风起于青萍之末"，大影响、大思潮往往是从微细、不易察觉之处产生。比如，1757年，富兰克林发现费城的路灯都是从伦敦买来的球形灯，这些路灯由于从下面进不来空气，烟就不容易从上面出去，只好在球内循环，附着在内壁上，很快就把亮光挡住。富兰克林于是建议用四块平面玻璃组成方形，上面装一个长长的烟囱把烟吸上去，下面留些缝隙让空气进来。如此一来，灯就可以保持干净，一直到天亮都明光灿灿。如今，两百多年过去了，富兰克林设计的路灯依然矗立在费城的独立广场。富兰克林尽管有经天纬地之才，但他从来不是务空蹈虚的理论家，而是从小事做起的实干家。

不仅如此，富兰克林还能从小事中见出人生大智慧来。七岁时，他被口哨的声音迷住了，就用手头所有的钱买了一个。可是他的兄弟姐妹们告诉他，他花了几倍的冤枉钱，用这些钱他完全可以买到其他的好东西。小富兰克林懊丧地大哭了一通。不过，他发现"这件事后来对我是有用的……当我想买什么不必要的东西时，我就对自己说，不要在口哨上花太多的钱。这样我省下了钱"。还有一次，在波士顿，富兰克林去拜访清教著名牧师考顿·马瑟。离开时，马瑟带他走一条捷径，捷径上有一条横梁。他们一边走，一边谈。跟在后面的马瑟提醒他弯腰。但富兰克林说话时没有在意，一头撞在横梁上。马瑟立即认识到这件事的"教育意义"，不失时机地说："你年轻，整个世界都在你跟前；但入世时要弯腰，这样你就不会总是撞破头皮。"富兰克林写道："这个忠告就这样打入了我的脑袋，对我常常有用。"

感悟经典，激励奋进，《富兰克林自传》绝不能作为我们咖啡桌上的消闲读物，而应是震荡心灵的案头书。它是励志的经典，让你从中找寻到优秀者的成功特质。仰止高山，略撷清芬。严格遵行道德完善计划，自觉参加公益事业，从小事做起，这是美国精神之父给我们留下的财富。

回向风雨的歌者

——读《一颗清亮的大星——胡适传》

他是一个传奇人物。他 12 岁从徽州的层峦叠嶂中走出，先后担任过驻美大使、北京大学校长、台北"中央研究院"院长等职，一生共获得 35 个博士头衔。

他就是胡适，旧时代的掘墓人，新文化的先驱者。

胡适的爱国主张贯穿其一生。在那个动荡不安的时代，学生罢课屡屡发生，而胡适是反对学生罢课的，他主张"学术救国"。他在给学生的演讲中提到法国科学家巴斯德的故事：普法战争结束后，法国战败，割地两省并赔付巨款。巴斯德痛定思痛，认为法国战败的主要原因是缺少人才。于是，他埋头研究科学，努力试验，终于做成三件大事：制酒，养蚕，畜牧。凭此三项成就，他一人就足以赔付给德国巨款。从这个例子中，我们不难见出胡适对"学术救国"的殷切期待。

胡适也用自己的人生实践了这一主张。当抗日战争爆发后，政府要他担任驻美大使，他毅然抛弃归国前"二十年不谈政治"的主张，怀着满腔热血奔赴国难。他在担任驻美大使期间，四处演讲，积极宣传中国抗战的真相，以唤起美英等西方国家对中国抗战的理解、同情与声援；他和陈光甫一起完成了战时美国对中国的第一笔借款；他阻止了美国中立方案通过的与美日会谈；他积极争取美国总统罗斯福，在某种程度上促成了美国的对日宣战。

二十世纪二三十年代的中国，裹挟在一片阶级斗争的血雨腥风中。胡适特立独行，为自由民主摇旗呐喊。他以"好政府主义"抨击北洋军阀，以"人权"、"思想自由"原则与国民党钳制言路的倒行逆施相抗争。面对黑暗势力，胡适体现出大无畏的抗争精神，但另一方面，受杜威实验主义思想的影响，他又反对"必以吾辈所主张者为绝对之是"的偏执态度，反对"根本解决"，但总怕一旦提出全面解决问题的"万灵药方"，便将导向武断与僵化。因此，他与宋庆龄、蔡元培等发起的"中国民权保障同盟"宣告决裂。他写信给毛泽东，劝其放下武装，将共产党建设成不握兵权的第二大党。跟随蒋介石去台湾后，他又支持雷震组织的"反对党"，以保障民众自由、民主的权利。

一个自由主义者，总是与怀疑为友，与批判为邻。胡适说："我十几岁的时候，便已有好怀疑的倾向；尤其是关于宗教方面。我对许多问题存疑；我尤其反对迷信鬼神。我对我的文化生活，乃至日常生活中的一切理论、记载和事实，如一有怀疑，也都要予以批判来证明或反证明。这都是由于我的怀疑的倾向所致。"

作为一位"新教育的助产士和催生婆"，胡适高举"教育独立"的大旗，反抗和挣脱宗教与政治两股势力对教育的干涉与侵害。胡适打了一个绝妙的比喻："教育是给人戴一副有光的眼镜，能明白观察；不是给人穿一件锦绣的衣服，在人前夸耀。未受教育的人，是近视眼，没有明白的认识、远大的视力；受了教育，就是近视眼戴了一副近视镜，眼光变了，可以看明清楚远大。"因此，"受过教育，就认清社会的恶习，而发不满意的批评。这种不满意社会的批判，最容易引起社会的反感。但是人受教育、求知识，原是为发现社会的弊端。若是受了教育，而对于社会仍是处处觉得满意，那就是你的眼镜配错了光了"。

在胡适看来，教育的真正成功是培养出不因循守旧、不阿时附俗的个性或特性："因为人类若是一代一代的互相仿照，不有变更，那就没有进化可言了。惟其有些怪物出世，特立独行，作人不作的事，说人未说的话，虽有人骂他打他，甚至逼他至死，他仍是不改他的怪言、怪行。"甚至认定

"社会的进步，纯是千分之一的怪物，可以牺牲名誉、性命，而作可怪的事，说可怪的话以演成的"。这种特立独行的"怪物"实际上即是思想领先于时代的另类、异端。

"教育"在胡适的词典里，远远不止于学校范围。胡适引杜威的话说："哲学就是广义的教育学说。"胡适的一生都没有离开这个基本的信条，都在践行着"国人导师"的使命。"教育即生活"，理解胡适的教育主张，应从教育的广义来看。他一生演讲数百场，听者不计其数，他无愧于"国人导师"的称呼。有这样一则佳话：一日，一个卖麻饼的小贩袁瓞给胡适写了一封长信，请教英美政治制度的异同。胡适读罢，不禁大喜，并认真地给袁瓞回信答疑解惑，诚心邀请袁瓞来"中研院"面谈。袁瓞送给胡适十个精心烘制的芝麻饼，胡适则回赠袁瓞四本自己亲笔题名留念的书，并关照他今后经常来做客交流。真教育，从来都不是象牙塔里的闭门造车，而应该向社会敞开大门，以解决大众之所需为己任。

二十世纪三十年代，"胡适之礼拜"在他的米粮库4号寓所几乎形成了一种接待访谒的公开制度："每星期日上午九点至十二点，为公开见客时间，无论什么客来都见。"有时候一个早晨见二三十个客人，通常一天见五十多位客人。访客无论何种身份，胡适一律称其为"朋友"，故一时之间，胡适的"朋友"遍天下。"我的朋友胡适之"，成了那个时代一句十分有调侃味道的流行语。正如林语堂所形容胡适之的米粮库，"无论谁：学生、共产青年、安福余孽、同乡客商、强盗乞丐都进得去，也都可以满意归来。穷窘者，他肯解囊相助；狂狷者，他肯当面教训……问学者，他肯指导门径；无聊不自量者，他也能随口谈几句俗语。到了夜阑人静时，才执笔做他的考证或写他的日记"。

我认为，胡适的魅力正藏在他的一首题为《回向》的小诗中：

他从大风雨里过来，
爬向最高峰上去了。

山上只有和平，只有美，
没有压迫人的风和雨了。

他回头望着山脚下，
想看他风雨中的同伴，
在那密云遮着的村子里，
忍受那风雨中的沉暗。

他舍不得离开他们，
但他又讨厌那山下的风和雨。
"也许还下雹呢，"
他在山顶上自言自语。

瞧呵，他下山来了，
向那密云遮处走。
"管他下雨下雹！
他们受得，我也能受。"

"回向"一词在《华严经》中即已出现，即以自己所修之善根功德，回转给众生，并使自己趋入菩提境界。这使我想起《理想国》中柏拉图在"洞穴喻"中所提到的走出洞穴的先驱，他看到了太阳和美好后，并没有留恋高处的幸福生活，而是重新回到洞穴中和囚徒们同吃同住，因为他要将囚徒们一同带出洞穴。在胡适的身上，我见到了这样的圣者之爱。他见到了高处的"太阳"，但他又重新迎向风雨，且一路高歌。

弱者何以胜利

——读《半生为人》

　　徐晓的《半生为人》再版是必然的，这部散文集注定不只属于一个时代。在精神稀缺的今天，深刻与崇高总会引发一些人的怅惘与追寻，所以散发着理想主义光泽的文字出现在遥远的天际，尽管光线微弱，但已足够照亮不少人原本黑暗的眼眸。

　　再版序言由旅美作家高尔泰所写，题目是"弱者的胜利"。高尔泰是深深懂得徐晓的，因为他在"寻找家园"的路途中也曾一次次地将往事的锋刃刺向赤裸的内心。回顾往事是人的基本需求，他能切身体会叙写个人心灵史时的痛苦与超然、真诚与幻觉。

　　自古至今，弱者总是和苦难为邻，徐晓概莫能外。不到20岁的她，在一个严寒的冬夜，被一只肮脏发臭的帽子罩住眼睛后光着脚板被带进阴冷潮湿的监狱。莫须有的罪名，让无辜的她被关了整整两年。后来，她嫁给体弱多病的周郿英，但不久，丈夫一病不起，在医院躺了近4年。丈夫重病期间完全丧失生活自理能力，徐晓日夜服侍，并蹬着那辆破自行车穿梭于北京各大医院寻求医疗方案。为了每日数百元的医疗费用，徐晓变卖了家中所有值钱的家当，苦苦支撑，但丈夫最终还是撒手人寰，丢下了她和幼小的孩子……

　　然而，惨烈的命运没有使徐晓变得愤世嫉俗。那些悲欣交集的片断人生经她冷静而理性地"美化"，变得厚重且温暖。她以生命的专注领会疼痛，以往事的灿烂化解苦楚，以自己的沉默拒绝遗忘。她的坦然和承担，使她面对命运的各种馈赠时，既不躲闪，也不逞强；既不夸饰，也不渲染。如果说，逃避是弱者的天赋本能，徐晓所逃避的就是那个时代的血腥和荒诞。十年浩劫，常常与粗暴野蛮、混乱无序、黑白颠倒连在一起，而徐晓却让丑陋退隐，让美好突显。她在黑暗的山谷里不断翻拣着断枝残叶，最后堆集起来化为一堆温暖的篝火。即便回忆牢狱生活，她让我们记住的也只是善良的女狱警"墨绿"温暖动人的微笑、狱友们克服千辛万苦给她做的棉背心、一位童话般美丽的女囚一闪而过的身影、一位始终谨记"上帝爱世人"的坚忍安详的天主教徒……她用悲悯滤去了残暴，将痛苦独独留给自己，却在穿过人心的字里行间给我们留下了丝丝缕缕的温情。

徐晓对世界的认识是洞彻的，她说，谁爱得最多，谁就注定了是个弱者。善良温存且经过思想启蒙，徐晓对弱者总有着天然的亲近与喜爱。这部散文集中所写的主要人物几乎无一例外都是弱者，他们是与朋友生死相交、患难与共却不肯因自己的事而麻烦别人的周郿英，"文革"时不辞酷暑严寒、挂着双拐到处搜集地下文学作品的赵一凡，对生命饱含热爱、从绝境中撞开路来的史铁生，爱憎分明、对朋友阔绰却对自己相当苛刻的李南……他们是生活中那群平凡而普通的人，但他们无一例外地都拥有了一种大爱情怀。

与强权者相比，弱者总是不通世故、不晓变通、不懂权术，不能显达于当时，但经过时间的翻转，强权者很快湮没无闻，而弱者的道德光芒却经久不息，人格的力量总能超越时代。徐晓告诉我们，信仰、信念、理想是生命中须臾不可缺少的盐。有着爱与信仰的人生，在岁月的长河中会越来越健硕。

弱者必将获得最终的胜利，还因为弱者面对苦难时的态度，他们面对苦难不是愤而抗击，而是默默持守。周郿英在与病痛的斗争中，选择了坚忍。"打碎门牙往肚里咽"成为他的看家本领，他用勇敢和尊贵的方式与疾病周旋到底。为他做手术的副院长说，行医四十多年还从没见过像他这么坚强的病人。徐晓动情地写道："无论他人怎样消瘦得像个难民，他伤口怎样流得稀里哗啦，他呕吐得怎样不亦乐乎，我从没感觉到尴尬或难堪。我为我的丈夫有这样出色的表现而骄傲，我为我是这样的男人的女人而骄傲。"默默坚忍，使一个垂危的病人活出了生命的尊严，也使他的存在成为一种意义、一种符号。

对比现在，徐晓不禁感慨："不知道是我们老了还是社会变了，我常常怀疑以后是否还存在当年那样的人际关系？"弱者能够取得胜利，因为弱者从来都是结伴而行，他们彼此搀扶、相互援助。而我们所能给予弱者的最好帮助，大概就是融入他们的队伍。

第六辑
且教且读

左手读书，
右手教书，
在讲台边。
放一张静静的书桌。
读书人，
亦是教书人。

过一种完整的教育生活

——读《教学勇气——漫步教师心灵》

如果说书籍自有一种品格的话，那么帕克·帕尔默的《教学勇气——漫步教师心灵》一书就属于真诚、纯洁的一类。敞开大门，帕尔默热情地邀请你一道参观教师心灵的内部景观。在那"少人踏足的小径"，随着他的指点，你会惊讶地发现这里原来有你熟悉的池沼与草木。阅读这本书，有一种遇上自我的喜悦。

这本书带给我的思索远大于喜悦。虽然书名为"教学勇气"，但对于什么是"教学勇气"，作者并没有给一个明确的表述，甚至在整本书中也很少提及这个词。要理解"勇气"的内涵，不妨从它的对立面——"恐惧"入手。

不良的恐惧会导致分离

恐惧是人类不可回避的心理活动，它对人类的认知与行动有着根本性的影响，以至于所有伟大的精神传统都起源于这样的努力：克服恐惧在生活中的影响。因此，恐惧也可以是健康的，许多恐惧就能帮助我们生存，甚至帮助我们学习和成长。恐惧在教学中也有它积极的意义，比如对教学的恐惧，就能迫使教师关注改进与提高教学技艺。不过，不良的恐惧则会导致师生过着一种分离的生活。

具体而言，在教学中，恐惧有三种。一是学生的恐惧。学生恐惧失败，恐惧无能，恐惧被拖进他想回避的问题中，恐惧暴露出他们的无知。二是教师的恐惧。在教师的众多恐惧中，最重要的一种是对来自学生的评判的恐惧。这种恐惧有两部分：一部分产生于教师需要被学生喜爱，这是一种需要去除的恐惧，因为它会使教师丢掉职业尊严而去迎合学生；另一部分产生于教师没有与学生建立能赋予教师以生命力的亲密联系，这是一种需要保留的恐惧，因为它使教师产生了对保持联系的渴望，呼唤教师走向学生，盛情款待学生。三是对认知方式的恐惧。对认知方式的恐惧，就是对客观主义模式的恐惧。客观主义模式认为，人只有与世界相分离，才能认识世界、获得真理。

帕尔默通过大量实例表明，很多在学校里沉默寡言、郁闷孤僻或者表现出攻击性、破坏性的学生，其实都是源于恐惧——恐惧被开除、被指责或被孤立。这种恐惧在很大程度上来源于老师对他们的不解与责备，反过来，也扩大了教师与学生之间的分离、割裂的程度。在教师的恐惧中，有一部分植根于需要被学生喜爱。如果让这种恐惧主宰教师的行为，教师就会主动去迎合学生，从而丢掉教师自身的尊严与方式。他会因为教室中某个不听讲的学生表现出的不喜欢，而影响对整个班的教学。他会主动选择远离那些有问题的学生，而把自己分离在学生之外。帕尔默在分析了学生的恐惧、教师的恐惧之后，进而分析产生恐惧的土壤——认知方式。帕尔默指出了当前占支配地位的客观主义模式的危害：割断自我与世界的联系，封闭自我并消除自我，在教育中可以使教师与学科、学生与教师之间的通道受阻。

不良的恐惧导致分离，而这种分离又会带来怎样的结果？帕尔默揭示出这种无情的教育现状：

我们把头脑和心灵分离，其结果是：头脑不知道如何去感知，而心灵不知道如何去思考。

我们把事实与感觉分离，其结果是：如今使世界冷漠和疏远的冷酷事实和把事实降低成跟着感觉走的盲目情感。

我们把理论和实践分离，其结果是：理论跟生活无关，而实践也未得益于理论。

我们把教与学分离，其结果是：老师只说不听，学生只听不说。

回向内心，实现自身完整

如何不再分离？如何消除恐惧？

帕尔默给出的答案是——"教学勇气"。他认为，教学勇气就是教师要直面恐惧，以符合自己内心最推崇的价值的方式进行教学，而不是以符合制度规范的方式进行教学，也不是以迎合学生的方式进行教学。作为教师，我们必须真诚地体谅学生恐惧的心灵，倾听学生甚至尚未发出的声音。设身处地地理解他们的需要，这样学生有一天才能真实而又自信地交流。同时，教师必须养成一种既依赖又不依赖于他人反应的自我感，深入探索自我的本性，同时又寻求他人的帮助来认识真正的自我。

帕尔默认为教学应重点解决三方面任务：认识学科、认识学生和认识自我。而认识自我是根本性前提，只有正确地认识了自我，才能很好地认识学科和学生。在教学中，教师会将自己的灵魂状态、内心体验等带入自己所教的学科，然后投射至学生的心灵。他说："真正好的教学不能降低到技术层面，真正好的教学来自教师的自身认同与自身完整。"只有正确认识自我，才能达到自身认同和自身完整。

帕尔默讲述了自己的成长经历。早期，他拼命模仿他导师那滔滔不绝的讲课方式，但后来他意识到，他那廉价的模仿吸引不了学生，而他的同学依靠天分却做得很好。于是他开始了一个漫长的过程，试着去理解作为一个教师所拥有的个性，并顺着本性去学习可能有帮助的策略。最后他终于发现，对话法能让他保持活力。他这样说："我开始寻找一种与我自己的本性更契合的教学方式，这种教学方式要与我自己的个性整合，就像我导师的教学方式契合他的个性一样——我导师之所以有魅力，关键是他在他的教学方式和他自身之间找到了一致性。"这说明，好的教学方法不是符合外部规范的方法，不是别人证明有效的方法，而是符合自己本性的教学方法。帕尔默还指出，所有的好教师都使用相同的教学技巧是不可能的。有的教师整堂讲解不停，有的教师却惜字如金；有的教师紧循材料，有的教师却天马行空，驰骋于想象；有的教师用软功，有的教师用硬功。只要顺着本性去选择，都是有效的、合适的教学方法。

如何回向内心、认识自我？帕尔默认为可以采取以下的方式：独处静思，沉思默读，野外散步，坚持读报刊，找一个可以倾诉的朋友，与心灵的导师相遇，与所教的学科相遇。在书中，帕尔默还用较多的篇幅谈了认识自我的一条重要途径——融入共同体。共同体是教师对自身认识和自身完整的扩展和深化，因为共同体无法在分离的生活中扎根。在帕尔默的视野中，课堂应以主体（"伟大的事物"或被认识者）为中心，而不是以教师或学生为中心，因为这样，师生"彼此都可以以伟大事物的名义向对方发表见解"，过程中也被引进了比他们的经验和自我世界更大的世界，那是一个能拓展他们个人界限，帮助他们建构自我的世界。师生可以在共同体中更好地认识自我，了解世界。

用联系性的视角从事教育

孤立的视角会造成一个支离破碎的世界，摧毁生活的完整和奇妙。要想了解事物的本质，我们必须放弃割裂地、片面地思考问题的方式，而学会用一种联系性的视角全面地思考问题。联系性的视角，由事物的整体性所决定。帕尔默认为教育的整体性体现在智能、情感和精神的相互依赖与交融上："把教学缩减为纯智能的，它就是冷冰冰的、抽象的；把教学缩减为纯情感的，它就成了自我陶醉；把教学缩减为纯精神的，它就丧失了现实世界之根基。"而唯有三者融合，才能形成完整的教育。

整体是多元而复杂的，有时甚至是矛盾而对立的。如果我们想认识真理，必须学会把对立事物作为整体来接受。这与复杂思想是一致的，因为复杂思想认为："对立的原则和概念是以不可分离的方式互补地联系着的。"当我们分离了生活中涵义深刻的对立的实体中的任何一方时，实体双方本身都会变成没有生气的幽灵。

就教师对自己的认识而言，教师不仅要认识到自己的优势，也要认识并接受自己的缺陷，并将优势与缺陷作为一个整体来对待。帕尔默认为，教师要整体地把握相互矛盾的两极，拥抱深层对立的真理。在考虑课堂教学的空间设计中，帕尔默重点分析了课堂教学空间的六对悖论：1.应该既是有界限又是开放的；2.应该既令人愉悦又有紧张的气氛；3.应该既鼓励个人表达意见，也欢迎团体的意见；4.应该既尊重学生们琐碎的"小故事"，也重视关乎传统与原则的"大故事"；5.应该支持独处并用集体的智慧作充分的支撑；6.应该是沉默和争论并存的。看清两端而道取中庸，这与我国中庸哲学思想不谋而合。孔子在《礼记·中庸》中将舜的治国方法概括总结为"执其两端，用其中于民"，认为成功之道在于"执两用中"，即公正、中正，不偏不倚。"执两"是立足于把握好悖论的张力，"用中"并不是简单地调和矛盾，而是从对立统一的视角对"问题"进行一分为二的辩证分析，经过合二为一地综合，得出新的认知。

联系性的视角着眼于事物的整体而不是局部，是开放而包容的，它能提升我们的境界。舒马赫在经典名著《小即是美》中这样阐述："怎么能够使教育的纪律和自由的要求调和呢？实际上，有无数的母亲和教师都在做着这个工作，但是没有一个人能够写出一个解决办法来。他们的做法是这样的：带入一种更高层次的、超越了对立的力量——即爱的力量……如此，有分歧的问题促使我们自己努力提升到高于我们自己的层次。……就是因为有这些更高层次的力量，对立的事物才能在我们的生活环境中得以调和。"舒马赫的话帮我们理解了这一点：当我们尝试用联系性的视角整体地把握悖论时，对立的力量不是要将我们撕裂，相反，它是想让我们向比自我更强大的力量敞开心胸。

诗歌，让我们的心灵不死！

——读叶嘉莹《唐宋词十七讲》

　　叶嘉莹的《唐宋词十七讲》是我的枕边书之一。喜欢在夜阑人静后软软一卧，随意翻开，就如同走进秋日雨后温润的枫林。枫叶上琥珀般的泪珠欲滴，映照着深秋的红和远黛的碧痕。喧嚣淡退，渔歌隐隐传来……

　　叶嘉莹，一生与诗词恋爱。她出生于北京，二十世纪六十年代定居加拿大温哥华，任加拿大不列颠哥伦比亚大学终身教授。1989 年退休后，当选为加拿大皇家学会院士。二十世纪七十年代末开始，她经常利用假期回国，在国内的大学和一些单位讲中国古典诗词。说到学习中国古典诗歌的用处，叶先生说："中国古典诗歌可以唤起人们一种善于感发的、富于联想的、活泼开放的、更富于高瞻远瞩之精神的不死的心灵。""我们学习古典诗词，最大的好处就是让我们的心灵不死！"这话说得多么好啊。

　　《唐宋词十七讲》根据叶先生于 1987 年在国内各大院校的巡回讲演稿整理而成。这本书内容精深而语言平白，可读性很强。

　　读《唐宋词十七讲》，随着叶先生温婉的讲述，那些远去的古人变得鲜活而生动起来。书中共论析了温庭筠、韦庄、冯延巳、李璟、李煜、晏殊、欧阳修、柳永、苏轼、秦观、周邦彦、辛弃疾、姜夔、吴文英、王沂孙等词人十五家。这些词人及其作品的入选基于一个标准——具有"感发生命的力量"，即能够表现人之心灵中最真实之品质与情感，且能产生人性之震撼力量。

　　叶嘉莹先生"兴发感动"说，吸收了中国古典诗词精髓，也结合了西方的生命哲学等思想。她以深入浅出的讲述，把中国传统诗章中深蕴的生命意识揭示出来，给听者以生命力的震撼。从生命哲学出发，使千古诗篇跃动着生命的华彩，使远去的古人拥有了饱满的生命。她指出，"我们在欣赏诗的时候，必须把它看作一个活泼的生命，绝不能把它搞成僵死的教条"。读这本书，就是与一个个鲜活而美好的诗人照面；读这本书，就是感受中华诗词里蕴藏着的一颗颗不死的心灵。

当叶嘉莹说出："我们学习古典诗词，最大的好处就是让我们的心灵不死！"时，她自己其实就是最好的例证。当看到如此美丽优雅的叶先生出现在《百家讲坛》的屏幕上，恬静从容地谈诗论词、吟花咏水时，我真的不敢相信，这是一位年逾八旬的老人！这是一位饱经磨难的老人！她分明就是一首灵动含蓄的唐诗、一阕温婉清丽的宋词啊！

王国维说，天以百凶成就一词人。谁能比她体会更深？

她虽然出生于书香之家，但青年时代正值抗日战争，父亲远在他地任职，她们母女生活艰难。在她刚进入辅仁大学后，慈母病逝。成家不久，随夫赴台湾。女儿刚出生，丈夫便无辜入狱，她也受牵连失去谋生之职。房屋被收回，只得寄人篱下，连一张床都没有，只能在晚上借一条毯子抱着褓褓中的女儿睡在走廊中。后谋到教书一职，为生计和营救丈夫而奔波，缝补浆洗苦苦支撑。三年后，丈夫出狱，但脾气大变，动辄发怒。46岁时，她移家北美，为用流利的英语教授中国古典文学，夜夜挑灯苦读，除了干家务，还要面对丈夫的咄咄发威。当年逾五十的叶先生事业有成，又遭遇了她人生最大的打击——长女和女婿车祸身亡。面对这些人事的打击，一个坚强的女性到了叶先生这样的耄耋之年，生命力怕也要被销蚀得枯萎了，更何况叶先生还是一个情感丰富而敏锐的人，苦难之于她的打击更重于常人啊。然而，见过叶先生的人，只会惊叹于她如雪后翠竹般的盎然生机与无限活力。奥秘何在？

我在《唐宋词十七讲》中找到了答案，她说："苦难的打击可以是一种催伤，但同时也可以是一种锻炼。而诗歌的写作可以使悲痛的感情得到一种抒发和缓解。"母亲去世时，她和泪写下《哭母诗八首》；女儿女婿车祸去世后，她仍是以诗歌来疗治自己的伤痛，她把自己一个人关起来，一连写下十首《哭女诗》。当诗词的生命渗入到一个人的血液之中，与她的精神融合，那么诗词就会成为支撑其走过忧患的一种力量，可以从中获得一种强毅的担荷精神，一种直面苦难不求逃避的坚毅精神。

最为可贵的是，面对苦难，叶先生没有愤而抗击，而是默默持守。她在谈词之美感特质时提出了"弱德之美"这个新颖独到的理论，而这也正体现了她的人生态度。叶先生说："弱德不是弱者，弱者只趴在那里挨打，那不是弱德。弱德是一种坚持，是一种持守，是在重大的不幸遭遇之下，负担承受并且要完成自己的一种力量，这力量不是要用于进攻。"于是，在苦难横空而来时，她默默念诵着王国维的词句"开时不与人看，如何一霎蒙蒙坠"。她的身世就如同这漂泊的柳絮，还没有开放就坠落了。虽然身世飘零，但无论飘到哪里，她总能以自己的方式成长。她牢牢记着恩师顾随先生的一句话："以无生之觉悟为有生之事业，以悲观之心态过之生活。"诗歌，让叶先生的心灵永葆青春，永远美丽！

我以为，诗歌，尤其是古典诗词，凝结着中华民族的聪明才智，积淀着中华民族的精神气质与审美心理，是中华文化的一部分。中华民族几千年来饱经忧患，但中国文化特别是诗歌文化所承载的自强不息、超然物外、先忧后乐、进退有度等生活态度，使得多少仁人志士始终以尊严的姿态生存。叶先生的风姿与优雅，来自中国文化的浸润与诗歌的滋养。心灵不死，其实质是有中国文化的支撑！

叶先生对中华文化的爱令人动容。为了弘扬中国传统文化，培养国内古典文学人才，1993 年叶嘉莹教授在南开大学创办了"中国文学比较研究所"（现改名为"中华古典文化研究所"），并捐献出自己退休金的一半（10万美金）建立了"驼庵奖学金"和"永言学术基金"，用以吸引和培养国内优秀人才从事中国古典文学方面的普及和研究工作。长达数十年的海外生活并没有改变她对传统文化的认同，借鉴的西方文艺理论也只是在方法论上赋予她的研究以现代立场和知性色彩。

叶先生说："从诗词中我们感受到的心灵、品格，可以使你终生受用不尽，并且关系着国家和民族的命运。"如果结合中国传统文化日渐式微的现状，我们就能触摸到叶先生的拳拳爱国心，理解她"书生报国成何计，难忘诗骚李杜魂"的心志。

作家余光中说："一个人可以不当诗人，但生活中一定要有诗意！"教育家陶行知也说："我要把育才办成一个诗的学校，盼望大家帮助我。我要以诗的真、善、美来办教育。我不是要学生每个都成为诗人，那太困难了。但我却要由我们学校做起，使每个同学、先生、工友都过着诗的生活，渐渐地扩大出去，使每个中国的人民、世界的人民，都过着诗的生活。"

这样的愿景，也正是叶先生所希望看到的！让我们共同努力！

读人的智慧

——读《论语读人》

　　读人，是需要极高智慧的。尤其是品读气象万千的圣哲、大师，如果作者的见识、才学不够，只能见个一鳞半爪，而难以把握其精髓。品读人物，归根结底还是品读自己。在品读的过程中，你与圣哲、大师亲切会晤，精神往来，产生心灵共振。因此，对于读者来说，读书既品着作者笔下的那个人物，也在品着作者的眼光与才识。

　　真正优秀的品人类文章凤毛麟角，它需要作者与笔下人物心魂相通，成为精神知音，但作者又要有独立的立场，不能被笔下人物牵制、约束。在品人类文章中，我喜欢读毛姆、茨威格、木心等人的作品，他们有着鹰隼般锐利的眼睛，他们的语言如同子弹准确击中事物本质。卞毓方的《寻找大师》是一本不错的品读人物的好书，卞先生读饶宗颐，读周汝昌，读南怀瑾，读吴冠中，读吴敬琏，读李泽厚……国学、佛学、艺术、经济学、哲学等等，无所不包，他以散文体兼新闻体来书写，笔力雄厚，人物鲜活。这与卞先生的经历、素养有关，他曾为《人民日报》高级记者、北京大学客座教授，又是学者型书法家。

　　说这么多，其实是为了引出我正读的一本书——《论语读人》。书名很有意思，既可理解为通过《论语》来读人，也可将"论语读人"四字理解为并列结构——论析言语，品读人物。而通读其书，两层内涵均有充分的体现。这本书不同于一般的品人类书籍。一般的人物评传往往会搜集关于传主的众多资料，进行爬罗剔抉，还原传主形象并加以品评，而《论语读人》的特别之处在于，仅从《论语》一书品读出孔子及其弟子的人物特点。众所周知，《论语》是一部语录体文集，主要记载孔子及其弟子的言行。历代以来，对《论语》注疏、解读的文章浩如烟海，但恕我寡闻，按人物纪传的方式品读《论语》，这还是第一本。我很认同南大教授徐兴无在序言"简易功夫终久大"中的一句话："人是言行的统一体，读人才是对《论语》的全面解读。"这也是由《论语》一书的特点所决定的，《论语》不同于后来的《孟子》《荀子》等书，《论语》中人物形象较为鲜明，具体可感，孔子本人就是一个倔强的、有着真性情和大情怀的、还带点狡黠的邻家老伯。黄厚江老师在写作这本书时主要的参考文献有钱穆先生的《论语新解》、李泽厚先生的《论语今读》、杨伯峻先生的《论语译注》、李零先生的《丧家狗——我读〈论语〉》等，但这些书都是按照全书语录顺序一则一则地品读下来的，没有对人物的言行进行汇总评析。因此，黄老师的《论语读人》一书在体系上可谓一种开拓。

全书分三辑。第一辑：圣人本心。以常人的眼光，从九个不同的角度解读孔子，单读这些标题，你就觉得新鲜有趣——《孔子的率真》《孔子的牢骚》《孔子的小聪明》《孔子骂人》《孔子择婿》《孔子赌气》《孔子认错》等。孔子既具有"高山仰止，景行行止"的伟人形象，又不失赤子之心，具有常人的可亲可爱之处。第二辑：十哲风德。尽显孔门十位最为杰出者的风范德行。第三辑：贤人俊采。通过人物的言行举止，展示孔门七十二贤中代表人物的风采气度。二十一个人物音容犹在，个性鲜明。

把《论语》读成传记，把文化经典读成故事，是此书的一大亮点。这既需要作者的智慧，还需要甘坐冷板凳的毅力。据黄老师说，他这本书前前后后写了三年，《论语》反反复复读了多遍，不仅如此，黄老师还带着学生一起读《论语》，他在《和学生一起读〈论语〉》这篇文章中介绍了和学生共读《论语》的实践，这也是黄老师的智慧之处。

在黄老师之前，品读《论语》的可谓多矣，这些大家的见解也已深入人心，黄老师要在此基础上谈出新意委实不易。但黄老师硬是从名家的解读中跻身出来，发出自己的声音。比如大家对冉有的评价一向比较高，但黄老师却觉得冉有是孔子不喜欢的学生之一，孔子不喜欢的学生大概除了宰我，就要算冉有了。黄老师还指出，孔子不喜欢冉有都和冉有疏于礼乐有关。黄老师列出具体例子，比如我们熟悉的《子路、曾皙、冉有、公西华侍坐》一则，孔子让这四位弟子谈谈志向，冉有的回答是"方六七十，如五六十，求也为之，比及三年，可使足民。如其礼乐，以俟君子"。意思是"有六七十里或五六十里见方的小国，让我去治理，三年以后，就可以使老百姓饱暖。至于这个国家的礼乐教化，还要等君子来施行"。尽管冉有说得很谦虚，但黄老师却注意到"至于这个国家的礼乐教化，还要等君子来施行"。这句话，因为这句话中包含很微妙的东西，勇武的子路尚且表明能让老百姓懂得礼仪，而聪慧的冉有却支支吾吾，不能不说这句话里包含着对孔子礼乐思想的一点点抵制。黄老师对冉有这句话的推断是基于对冉有整个人的理解的基础上，他认为："冉有的作为，从小处看，就事论事地看，都能显出他的聪明能干；但从大处看，就显得幼稚，就显出他在大是大非上的不成熟。"我们对《侍坐》一则较为熟悉，但对于冉有的话中隐含的情感倾向却是第一次听到。类似的独到发现，在书中还有不少。也许这些发现，未必都能经受住学术的考量，但黄老师独立的思考意识能给读者带来很大的触动。

黄老师是语文特级教师，他在解读《论语》上显示出过人的言语敏锐感，且看对伯牛的一段解读。"伯牛有疾，子问之，自牖执其手，曰：'亡之，命矣夫，斯人也而有斯疾也！斯人也而有斯疾也！'"大意是伯牛病了，孔子前去探望他，从窗外握着他的手说："看来不行了，这是命中注定！这样的人竟会得这样的病啊！这样的人竟会得这样的病啊！"黄老师从"自牖"二字读出深义来："我猜测，孔子去看望伯牛只是'自牖执其手'而不进屋去看望，十有八九不是孔子自己不进去，而是伯牛不让老师进去。孔子是一个举止十分讲究'礼'的人，绝不会看望一个病人而且是为日已经不多的病人，连门都不进，只是从窗户里摸一摸手，说两句感叹的话。不仅像孔子这样时时处处以《周礼》约束自己的人不大可能，就是一般人也不会这样做。但理解为伯牛不让老师进屋看望，孔子后面感慨的话就显得非常自然。"黄老师的这种读书功夫，大概就是古人所提倡的"读书得间"，从文字的空隙处读出背后的丰富意味来。

黄老师的读人，是带着自己的人生阅历、生活体验去读的。因此他能从无字处读出有字，从简约处读出丰厚，从平淡处读出波澜。比如他读到关于子游的一则语录。子游做了武城的长官，孔子来看他，问在武城有没有发现人才。子游就推荐了澹台灭明。而子游和澹台灭明是同学，于是黄老师就感叹了："同学同学，实在是一个极其微妙的关系。因同学而生忌恨之心的，和因同学结为死党的一样多。李斯和韩非子是血淋淋的例子。"因此，黄老师很佩服子游的胸怀和雅量。而澹台灭明还是被孔子退学的学生，孔子是不太欣赏澹台灭明的。黄老师分析："按一般情况，这时候老师问到人才情况，最好避开澹台灭明，说说其他人。但子游居然直接推出被老师退学的澹台灭明，而且非常高调。"这里的解读带着黄老师阅世处人的智慧，而这样的智慧解读也是深切《论语》中的人物性格特点的。

读人，不仅是读自己，而且是建构新的自己。黄老师曾提过，《论语》对他的教学思想、人生主张都起过重要的影响。关注或研究过黄厚江老师语文教学思想的老师，大概都会发现他不走极端的辩证思维特点。而这一思维特点，正是孔子所崇尚的中庸品质。中庸之道不是折衷主义，不是滑头主义，而是"执两用中"，从对立统一的视角对问题进行一分为二的辩证分析，得出新的认知。联系黄老师的"本色语文"主张，我们似乎从《论语》里找到他教学思想的源头。

黄老师的哲思智语，在书中随处可见。而智者风范，总是与仁者情怀密不可分。苏格拉底说："德性就是智慧。"所谓德性，在苏格拉底看来，就是趋善避恶，行为适度。他说："凡是知道并且实行美好的事情，懂得什么是丑恶的事情而且加以谨慎防范的人，都是既智慧而又明智的人。"（色诺芬《回忆苏格拉底》）"德性"与"智慧"是相生相长的，大智之人往往是大仁之人。翻开《论语读人》，你就会结识这样的智者、仁者。

不会过时的导读法

——品读《钱梦龙经典课例品读》

钱梦龙老师的导读法自 1982 年提出，至今已有三十余年。三十多年来，语文教育界革故鼎新，观念纷呈，但有一点可以肯定，钱梦龙等老一辈名师的教学智慧、教学艺术仍然没有过时，而且对当下语文教学的种种异化现象仍发挥着重要的纠偏作用。

特级教师彭尚炯老师坦言深受钱老师导读法的影响，他组织编选了《钱梦龙经典课例品读》一书。入选本书的 16 个课例，文言文教学 5 个，古典诗歌教学 1 个，现代散文、小说教学 6 个，议论文教学 2 个，说明文教学 2 个，大致涉及了中学语文教材中的各种教学体式。彭老师组织了阵容强大的编写组，按"经典回放"、"品读沙龙"、"研读感悟"的编写体例，既展示了经典课例的魅力，又呈现了编写组老师的观课感悟。这本书的确值得每一位语文教师认真品读。

教学环节打破常规

导读法的基本理念为"三主"：学生为主体，教师为主导，训练为主线。"三主"在操作层面上体现为"三式"：自读式、教读式、复读式。语文导读法以培养学生自主阅读的意识、能力、习惯为目标，是在"教"与"不需要教"之间架设的桥梁。

在教学理念的观照下，钱老师的教学环节设计独具匠心，他的课与当时语文课普遍采用的"串讲法"迥然不同，而是着眼于教会学生自己读书。他有一次介绍教学经验，发言题目为"语文教学必须打破常规"。他执教《死海不死》一课，课堂主体部分设计了四个环节：

第一环节：学生初读课文，思考这篇课文"什么知识可以不教"，师生讨论后明确列数字、确数与约数、生字新词可以不教。

第二环节：学生再读课文，思考"哪些知识还是需要老师教的"，在随后的交流中，学生明确了知识小品的知识性、科学性和趣味性的特点。

第三环节：学生三读课文，思考：课文的哪些地方引起了你的兴趣？用了什么手法？引导学生发现语言表达与材料组织方面的特点。

第四环节：朗读最后一段，思考：按照作者推算的思路和方法，死海真的会干涸吗？

让学生讨论"什么知识可以不教"，这一设计大胆出奇，充分调动了学生的学习主动性，虽说"不教"，钱老师却在交流的过程中帮助学生学会学习，功莫大焉。接着，话题一转，让学生思考"哪些知识还是需要老师教的"，既肯定了学生的主体地位，也发挥了教师的主导作用。在学生总结的"三性"中，让学生自主选择"趣味性"作为课堂学习重点，引导学生第三次走进文本。最后，以高质量的问题引发学生深度思考。四个环节，由浅入深，层层递升，始终着眼于激发学习趣味和教会学生读书，设计相当精妙。

另一篇说明文《中国石拱桥》的教学环节设计也是打破常规，令人称绝。课堂开始，钱老师出示中国石拱桥的教学挂图，不许学生打开课本，而要用自己的话说明石拱桥的大拱和四个小拱的位置关系。学生想方设法加以说明，有说"大拱的两边各有两个小拱"，有说"在大拱两端的上方各有两个小拱"……钱老师根据学生的发言在黑板上一一画图，发现均不能准确说明大拱与小拱的位置关系，这时候，钱老师让学生看书上是怎说的——"在大拱的两肩上各有两个小拱"。学生纷纷称好，继而师生总结出说明事物要"用词准确"。仅此环节，就能证明钱老师教学设计的新颖独特。他不是直接告知学生"说明事物要用词准确"，而是设计了语文学习活动，让学生在活动中体悟出来。

钱老师的教学环节设计基于对阅读规律的正确把握，他说："通常，一个相对完整的阅读过程（尤其在读一些比较重要的文章时）总要经历一个由表及里，又由里返表，表里多次反复、理解逐渐深化的过程。"这就是常说的"在文章里走几个来回"。

钱老师创新的教学设计来自他对文本的潜心研读。他说："我备课首先考虑的不是怎样'讲'文章，而是自己怎样'读'文章。每教一篇课文之前，我总要反反复复地读，或朗读，或默诵，或圈点，或批注，直到真正'品'出了味儿，才决定教什么和怎样教。"《中国石拱桥》一课让学生说明大拱与小拱位置关系这个环节的设计，离不开钱老师研读课文时对"肩"字的咀嚼揣摩。

钱老师在设计环节时，始终坚持"学生为主体"的理念，他说："教师在进入教学过程之前，首先要确认学生的主体地位，确认学生是具有独立人格、主观能动性和自我发展潜能的活生生的人。换言之，就是要站在学生'学'的立场上，考虑自己'教什么'和'怎么教'。"正因为如此，钱老师备课，不仅致力于文本的教学解读，而且能站在学生立场，着重考虑如何让学生主动参与到语文学习中来。

问题设计精当巧妙

导读法以问题为驱动，引导学生走进文本深处。钱老师说："设计问题，是教师的一项基本功。问题设计得好，能激活学生的思维，或引起认知冲突，从而提高学生的学习兴趣。"钱老师经典课例中有很多精彩的问题，令人拍案叫绝。我们来看钱老师执教《惠崇〈春江晚景〉》中的教学片段：

师：同学们先读一读，看这首诗写的是什么时间，是早春、盛春，还是晚春？

（学生读诗）

师：现在我们来看，诗写的是哪个时间？

生：写的是早春。

师：从哪里知道的？

生：从"春江水暖鸭先知"中的"暖"字知道的。

师：为什么"暖"字能说明是早春？能不能讲得更清楚一点？

生：春天到了，水温回升。

师：噢，春天到了，水温回升了，是吧？还有补充的吗？

生：还有"竹外桃花三两枝"中的"三两枝"，说明花还没盛开。

师：说得很对。"三两枝"不是盛开。还有吗？

生：还有"蒌蒿满地芦芽短"，"芦芽短"是说芦芽刚刚冒出来一点，还没有十分茂盛。

"看这首诗写的是什么时间？""从哪里知道的？"这样的问题，设计巧妙，由点及面，"逼"着学生认真研读全诗，读出语言背后的意味来，这对提升学生语感和阅读能力有重要作用。

钱老师很擅长"曲问"。"曲问"相对于"直问"而言，是钱老师创建的一个提问术语。"直问"，就是直来直去，一味正面硬攻，难免显得笨拙，往往造成启而不发的僵局。所谓"曲问"，即为了解决一个问题，巧妙地提出另一个或另几个问题，通过采用"迂回战术"，从问题侧翼寻找思维的切入口，易于激发学生求知的欲望。如在学生自读课文《食物从何处来》后，为了测试学生是否掌握"食物"的定义——"食物是一种能够构成身体和供应能量的物质"，钱老师提出了一个问题："今天早上我吃了两片面包、一个鸡蛋、一个苹果，喝了一杯开水，是不是都是食物？"（其中开水不是食物，因为水虽然能参与躯体的组成，但不能供应能量。）这比直接问学生"什么是食物"，或要求学生背诵食物的定义，更能引起学生思考的兴趣。

又如，在教学《愚公移山》时，要让学生理解"邻人京城氏之孀妻有遗男"一句中的"孀"与"遗"的含义，钱老师也没有直问其意，而是问"愚公的邻居，那个七八岁的小孩去帮助愚公挖山，他爸爸肯让他去吗？"学生开始被问住了，看看课文注释，才恍然大悟："这小孩没有爸爸！"这样就使学生理解"孀"、"遗"二字的含义问题迎刃而解。

有时候，学生的回答难以一步到位，钱老师就会降低坡度，架设台阶，帮助学生拾级而上。在《一件小事》的课上，钱老师问："'我'在'一件小事'中表现出一种怎样的思想？"学生答："自私。"钱老师追问："再进一步想一下，自私是不是'我'思想的主要方面？"经过讨论，学生发现"我"还有"自责"的心情。钱老师肯定后再问："看到了自己的自私和渺小，这是一种自责的心情。那么，既然是'怕敢想到自己'，为什么还要'熬了苦痛'、'时时记起'呢？从文章结尾看，已不再是自责了，还有什么？"学生齐答"催我自新"。钱老师继而小结："文章正是按照'自私—自责—自新'这条思路来展示'我'的思想演变过程的。"当学生回答不够完整时，钱老师化大为小，化难为易，架设合适的台阶，引导学生一步步走向文本深处。

钱老师更重视指导学生自己发现问题、提出问题，他的很多课都建立在学生提问的基础上。钱老师非常注重对学生自学能力的培养，每教新课之前，往往要让学生充分预习课文，并且要求学生提出问题来。钱老师深知，提问能力与语文学习能力呈正相关。他有次到外地借班上课，得知该班学生在自学《故乡》后竟然"没有问题"，他觉得"大有问题"，于是提前上了一节"提问指导课"。一堂课下来，原本"没有问题"的学生提出了600多个问题！钱老师再对600多个问题进行整理、筛选，整合成七类问题：一般疑问、回乡途中的"我"、闰土、杨二嫂、宏儿和水生、离乡途中的"我"、写景。课上，钱老师组织学生围绕这些问题依次探究，在讨论问题中完成了本课的教学。

点评引导机智融情

钱老师的教学语言简洁而亲切，同时不乏机智幽默，课上时有笑声。钱老师的课堂，点评到位，引导巧妙，过渡自然，值得观课者细细品味。他的课堂点评与引导大致有以下几种特点。

鼓励激趣。心理学研究发现，每个人心理的最深处都渴望得到别人的肯定与赞赏。教师对学生的鼓励、赞赏，能激发他们的学习兴趣。钱老师经常用"试试看"、"你（你们）真聪明"、"你们比老师高明"、"我真佩服你们"等来夸赞学生。借班上课，他这样夸学生："我听说你们班很会读书，果然名不虚传！"对于不太准确的回答，钱老师会说："你再考虑一下，好不好？"对于提出不当问题的学生，钱老师也会夸赞："你对活跃我们的思维作出了贡献！"鼓励中满含钱老师对学生的爱，学生在充满期待的氛围中自然会产生学习的愉悦感。

相机补充。课堂上学生回答不太到位的情况屡屡会有，面对这种情况，钱老师不疾不徐，相机补充，导之有方。在教《论雷峰塔的倒掉》一课时，一学生认为"居然"比"果然"好，理由是："雷峰塔这么快就倒了，是出乎意料的。"钱老师这样点评："言之成理！我再作一点补充。大家看，紧接着'居然'这一句，下面是什么句子？（学生齐读）'居然'表示雷峰塔倒掉这件事出乎意料地发生了，普天下的人民则为之无比欣喜，有一个成语恰好能够表达人民这种出乎意料的欣喜的感情，你能说出这个成语吗？（喜出望外）"这样的补充完善了学生的原有认知。

借"错"发力。学生的提问与回答难免会有错误，而对于钱老师而言，所有的错误都会在他的巧妙引导下，转化为有价值的教学资源。他在执教《故乡》一课时，有个学生提出一个问题——"闰土为什么要把碗碟埋在灰堆里？"钱老师当即反问："闰土把碗碟埋在灰堆里，这是谁说的？"学生答"杨二嫂"，明白了闰土不可能把碗碟埋在灰堆里。但钱老师并不就此罢休，而是追问"那么，谁埋的呢？"并让学生"以文为证"，学生说文中没有证据。钱老师追问："这个是'历史的悬案'。但有一点是可以肯定的，杨二嫂以这个为理由拿走了狗气杀。这样写是为了说明什么呢？"学生答："杨二嫂贪小便宜。"学生最初提出的问题是错误的，但钱老师并没有简单否定，而是通过巧妙地引导，让错误的问题变为精彩的答问，使学生不仅对杨二嫂的形象有了更具体的认识，而且学了"以文为证"的阅读方法。

问题反弹。在钱老师的课上，问题大多由学生提出，也大多由学生来解答。《谈骨气》课例中有两个细节：第一节课，一学生忽然说："我有一个问题，作者所列举的三个人物，如果按年代先后排列，应该是：饿人、文天祥、闻一多。但作者却并没有这样安排，为什么？"钱老师笑着说："问题提得很好。谁能回答？"第二节课，又一个学生提出："作者为什么要把饿人作为'贫贱不能移'的例证？我认为，与其举饿人为例，还不如用朱自清的实例好。"钱老师说："这个问题很有讨论的价值，请大家发表高见。"在这两个例子中，我们看到，问题由学生提出，学生本希望听听老师的意见，但钱老师没有直接回答，而是反弹给学生，让他们自己去思考、讨论。这看似不经意的一招，反映的却是钱梦龙一贯主张的"学生为主体"的教育思想。长期坚持这样的训练，学生不会一味依赖老师，而能养成独立思考的习惯。

此外，钱老师的点评引导常会有意挑起矛盾，或就关键处追问究底，这样精彩的场面在这本书中也能屡屡见到。

毋庸置疑，钱梦龙老师的导读法已成为一座高峰，他的许多课例已成为经典，融入了当下语文人的血液。经典常读常新，品读《钱梦龙经典课例品读》这本书，重温钱老师高超的教学艺术，不禁涌起一种期待，期待同道之人共同续写导读艺术的明天。

语文，从这里出发

——读《语文的原点》

说起黄厚江老师，我们会即刻想起他的朴实微笑和本色语文。本色语文，是黄老师积三十年语文教学经验和二十年潜心研究形成的语文教学思想。近些年，黄老师宣扬并践行着本色语文，在全国语文教学界影响渐广。他的新著《语文的原点——本色语文的主张与实践》（以下简称《语文的原点》），不仅呈现了他几十年来田野研究的经验、积累，而且构建了一个宏大而完整的理论大厦。

洪劬颉在《苏派教学：活实和谐，祛魅归真》中这样评价："他们的教学主张总是从教学一线的实践出发，立足于课堂教学，上升为理性认识，又指向于实践；这些从田野走出的教育家因其教育实践的智慧活力、教育思想的历经锤炼，成为独树一帜、体系缜密的教学一派，既保有泥土气息的芳香，又体现中国教育的现代追求。"黄厚江老师是苏派教学的核心人物，他的心血凝聚物——《语文的原点》一书，可以视为苏派教学的一个样本。

一

《中国大百科全书·哲学卷》认为，本体论在西方哲学和中国哲学中分别具有各自的含义。西方哲学普遍认为，本体论研究的是一般事物的存在及其本质、规律、特征。而围绕"道"的问题的论述则构成了中国哲学的基本形态，金岳霖先生在《论道》中说："中国思想中最崇高的概念似乎是

'道'。……万事万物之所不得不由、不得不依、不得不归的'道'，才是中国思想中最崇高的概念、最基本的原动力。"站在本体论研究的高度，黄老师对"语文之道"进行了哲学式的追问：语文到底是什么？我们从哪里来？我们要到哪里去？

《语文的原点》一书包含五个篇章："本色语文"、"本色语文课堂"、"本色阅读教学"、"本色写作教学"、"本色语文教师"。第一章"本色语文"是黄老师对语文课程的理解，也是全书的逻辑起点。对"本色语文"的内涵，黄老师分三层解说：一是"语文本原"——立足母语教育的基本任务，明确语文课程的基本定位；二是"语文本真"——探寻母语教学的基本规律，实践体现母语基本特点的语文教育；三是"语文本位"——体现语文学科的基本特点，实现语文课程的基本价值。本原，是目标和任务；本真，是规律和途径；本位，是方法和效果。

正如陈日亮先生提出的"我即语文"一样，黄老师也用一句话表达对语文的理解——"语文就是语文"。这不是推诿卸责的循环定义，而是洞穿乱象的大智慧。当下，我们给"语文"添加了太多的定语，来表达我们对"语文"的理解。而"语文"在众多"定语"的修饰、限制中，已逐渐迷失了自我。吕叔湘先生说："每逢在种种具体问题上遇到困难，长期不得解决的时候，如果能够退一步在根本问题上重新思索一番，往往会使头脑更加清醒，更容易找到解决问题的途径。"在新课程改革的行进中，新概念、新名词层见迭出，各种论争甚嚣尘上，而黄厚江和他的本色语文，始终"朝向语文本身"，淡定地守护在语文的原点。因此，《语文的原点》一书，能帮助我们回溯语文的源头，对当前语文教学正本清源。

该书不仅对语文的内涵、本质作了深透的分析，而且对语文教学的规律、原则进行了理性而准确的提炼，而这一切都是围绕着本色语文进行的建构。"用语文的方法教学语文"、"在阅读中学会阅读"，这些质朴、智慧的表达，恰是准确领悟语文教学自身规律后的思想结晶。

虽然本体论研究属于形而上的研究，但黄老师的可贵处在于，他是

"'田野研究'的一类，是在实践和思考中逐渐悟得的"（黄厚江语）。《语文的原点》一书每章均分为上、下两篇，既有深刻的思考、精彩的分析，也有丰富的案例、具体的策略。黄老师几十年来积累的大量的教学案例，加上他的精准评析，使这部书血肉丰满、亲切可感。因此，无论对于语文研究专家，还是对于一线语文教师，这部书都应该成为案头必备书。

二

康·帕乌斯托夫斯基在《金蔷薇》里谈到契诃夫时，用了一个特殊的名词——"契诃夫感"来形容契诃夫作品所表达的内涵。一流大师的语言，已自成一格，散发着作者本人的气息。在读黄老师《语文的原点》一书时，我也常为"黄厚江式"的表达而叫好。请看以下几句：

"语文教学不能没有目标，但又不必刻意追求目标的达成。"
"我们反对'教师中心'，但也不追求'学生中心'。"
"我也反对只追求考试成绩的唯功利的教学，但也不认为语文的诗意就要排斥功利。"
"自由作文不能解决一切问题，但写作又不能没有自由。"
……

这些句子有一个共同点，里面包含着"不……，但也（又）不……"的逻辑结构。这种句式，体现出黄老师非常可贵的不走极端的辩证思维。

受辩证思维的影响，黄老师从不孤立地看待事物，他将语文教学的诸多元素置于一个更大的系统之中来思考。以第二章"本色语文课堂"为例，让我们来感受黄老师的思维魅力。黄老师先提出课堂基本逻辑问题，他说："教学的逻辑起点，和教学目标以及教学点有着紧密联系，但又不是一个概念。""怎么确定教学的逻辑起点呢？就语文教学来说，是在语文课程的共性目标和具体教学内容的个性特点之间寻找它们的契合点。"黄老师总是以客观、公允、开明的态度，在二元、三元乃至多元间进行辨析，建立联系，努力寻找通向语文的正确路径。上编还提到课堂教学的和谐原则、适度原则、整体原则、节奏原则，也都体现着黄老师的思维特点。这四条原则在语文教学界已有很大影响，兹不赘述。下编提出的"和谐共生教学法"和"树式共生课堂结构"是从理论和实践层面的全新超越，在语文课堂教学中教师与学生、学生与学生、内容与形式、精神与语言、阅读与写作等之间构建起一种共生关系，使语文课堂味道醇厚、生机盎然。下编还提到"有无之间的目标定位"、"二元融合的主体呈现"等，单品味标题，就能体会到黄老师的思维智慧。

这种不走极端、注重联系的思维品质，对当下语文教学界爱走极端的思维模式有着较强的纠偏意义。比如关于语文课堂教学主体的讨论历来争议不断，而黄老师经过辩证思考后认为："教师主体和学生主体在课堂教学的过程中是交织融合的关系，即学生主体实现的同时，也是教师主体的体现。"这个观点，对"教师至上"和"学生至上"的两种极端思维来说，无疑都是一声棒喝。

黄老师的辩证思维特质，合乎我国中庸哲学思想。孔子在《礼记·中庸》中将舜的治国方法概括总结为"执其两端，用其中于民"，认为他的成功之道在于"执两用中"，即公正、中正，不偏不倚。"用中"并不是简单地调和矛盾，而是从对立统一的视角对"问题"进行一分为二的辩证分析，经过合二为一地综合，得出新的认知。这一新知不同于对立双方的观点，而是发展出的新的理论观点。

中庸持重的冷静思考和无可辩驳的说服力，成为这本著作的逻辑论述特色。走进这本书，你也仿佛处于智慧风暴的中心，体验黄老师思维所带来的乐趣。飞沙走石之后，"洞天石扉，訇然中开"，语文正对着你淡淡微笑。

三

　　黄老师的哲思智语，在书中随处可见。而智者风范，总是与仁者情怀密不可分。苏格拉底说："德性就是智慧。"所谓德性，在苏格拉底看来，就是趋善避恶，行为适度。他说："凡是知道并且实行美好的事情、懂得什么是丑恶的事情而且加以谨慎防范的人，都是既智慧而又明智的人。"（色诺芬《回忆苏格拉底》）"德性"与"智慧"是相生相长的，大智之人往往是大仁之人。黄厚江老师就是这样的智者、仁者。

　　黄老师对语文教学的异化现象总是深恶痛绝。《语文的原点》一书就展现了黄老师"横眉冷对"的一面：他为语文被萎缩、被夸大、被拔高、被虚化而痛心；他为课堂教学中文本解读的极端淡化、学生主体的虚假、教师主体的失落而愤懑；他为阅读教学的高位化、低位化、贵族化、时尚化而痛苦；他为现代文阅读题的形式僵化、不够审慎、缺少理性支撑而纠结……他对一切"非语文"现象大加挞伐。

　　这种批判精神，根源于他内心对语文本真与实质的忠诚。而内心的使命感与责任感，又迫使黄老师不能止步于"破坏"，而要从批判走向建设。在"建立作文教学的个性化序列"中，黄老师列举了以下几种——以能力要素为主线的系统、以写作过程为主线的系统、以文体分类为主线的系统、以写作方法为主线的系统、以核心话题为主线的系统、综合系统等，但逐个分析后发现均不可行，黄老师实事求是，决定"暂时放弃对作文教学系统和训练系统的学理追求""暂时放弃对建立整体系统的追求"，而建立起经验型、局部的、个性化作文教学系统和训练系统。黄老师在学术研究上的求真精神和诚实品质，由此也可见一斑。

　　在读"本色写作教学"这一章时，我不断为黄老师的仁爱之心而感动。此章的副标题是"教学生能写平常的好文章"。"好文章"前的"平常"两字，耐人寻味，它体现出黄老师在对当前的作文命题、评价标准所持的审慎姿态。他说："无论是初中的语文教师还是高中的语文教师，甚至包括命题的人，绝大多数是写不好这些作文题目的。……为什么教师写不好，甚至命题人都写不好，却要求学生写得好呢？""己所不欲，勿施于人"，黄老师就有这样一种推己及人的仁慈心肠。但黄老师并不因此否定应试写作的意义和价值，而是明确表态，"即使从考试的角度讲，我们的教学任务也要提高班级的整体写作能力，使更多的孩子能够达到基本要求"。这不是投降"应试"，而是追求"致用"，面向全体，体现出真诚而强烈的人文关怀。黄老师在作文教学中提倡自由写作、关注过程、多元评价等，就是对"人"的尊重与关怀。就此而言，这部书的意义、价值已远远超出了语文课程本身。

这部著作表面上不事雕琢，内里却气韵生动。除了得益于黄老师深厚的思想底蕴和文化修养外，还与黄老师的性情有关。熟悉黄老师的人都知道，他是一位有情趣、有性情的"老顽童"。在"语文教师的基本素养"一节里，他特别提出，语文教师还应该有一点真情趣、真性情。这个期许，也是对"本色人生"的一种诠释吧。

黄老师很喜欢使用"中位"这个概念，但在语文教学研究的点位选择上，他始终处于"上位"。他以高远的识见和开阔的胸襟，同气相求，异质兼容，不断完善着"本色语文"的系统。有本书扉页上的一段话为证："本色不是守旧，本色不是倒退，本色也不是无为。本色，不排斥其他风格；本色，不反对创新；本色，更不放弃更高的追求。本色，是语文教学的原点。你可以走得很远。但这里是出发地。"就让我们"语文人"相会于"语文的原点"，因为——

语文，从这里出发！

这里，有真正的语文

——读曹勇军《语文，我和你的故事》

有些书不适合晚上读。它有一股强大的吸附力，会死死地拽住你。即便你狠心合书入睡，它依然会在你脑海里呼呼作响，直搅得你头脑生疼，于是你不得不早早起床，着魔般地一口气读完。

曹勇军老师的《语文，我和你的故事》，便是这样一本有魔力的书。

在众多语文教学类的书中，曹老师的这本书有着独一无二的秉性与气质。它没有宏大的理论建构，没有精细的教学解读，没有完整的课堂实录，甚至也没有请名家作序。但是，它有真正的语文，有语文的全部，有对语文深刻而完整的理解，有美丽动人的语文故事，有朴素简约的课堂生态，有一位名师的心路历程，它甚至还有学生作的富有情趣的漫画插图。这是一本让你一见倾心的书，因为，书中也有你的模样、你的故事。

这本书让我对语文教学的本体有了更深的认识。如果仅仅将语文教学作为客体来研究，则永远无法窥到它的全部美丽。语文教学自有其稳定的内系统，但它又处于动态的、变化的实践中。日本学者佐藤学说："倘若把学习作为意义与人际的'关系重建'加以认识，那么，学习的实践就可以重新界定为：学习者与客体的关系、学习者与他（她）自身（自己）的关系、学习者与他人的关系。"语文教学改革如果只盯着"语文"而没有从关系的角度重新考虑，那么收效自然甚微。因此，我特别理解曹老师为什么特别向往《论语》"侍从"一章中的孔子课堂和柏拉图笔下的"雅典学园"，因为那里有最和谐的师生关系、最自然的学习状态。曹老师将他的另一本书取名为《曹勇军和他的理想国》，我理解这是他对一种古老而美好的教学传统的敬慕与追寻。

业内很多人热衷于给语文加修饰语，进而提出"某某语文"的教学主张，曹老师则与他们不同，他以"语文，我和你的故事"这种独特的表述为语文的定性提供了一种新的路径、新的可能。我很喜欢"故事"这个词，因为"故事"正是对关系的表述。法国学者让·弗朗索瓦·利奥塔认为人类有两种知识，一种是科学知识，一种是叙事知识。叙事知识是人类最古老的知识，包含丰富的情感价值，兼容各种游戏规则，构成广泛的社会交往和人际制约；而科学知识则是阐释、解释、阐发真理的知识，它不具备社会交往的特征。语文，天生就与叙事知识更为亲近。然而遗憾的是，我们很少看到像曹老师这样的感性的、抒情的、带着生命体温的叙述，我们所见到的更多的是理性的、客观的、冷静的告知。

曹老师没有像某些名师那样到处"跑场子"，而是安心地"蹲地头"，以朴素的心意培育着他和学生的故事，用整个生命创造并书写着美丽语文。他提出的"从'生活语文'抵达'语文生活'"，是他三十多年语文教学的智慧结晶。他在为学生营造语文生活的同时，也把自己、家人都带进了语文生活的现场。他在看学生表演话剧《鸣凤之死》时，一次次泪湿眼眶；他陶醉于学生的古诗词吟诵，而"泪眼婆娑，不能自已"；在玄武湖畔的中秋明月诗会的激情点评中，他带着学生高喊"青春"、"明月"、"梦想"……

他的书中蓬勃着盎然的青春气息，澎湃着如火的生命激情，呈现出浩渺的万千气象。他带着孩子在南京的历史文化现场读书，开设了"情境读书课"；在王安石故居半山园探讨"王安石和他的时代"；在黉蒙楼感受冯友兰《中国哲学简史》的深邃博大；在曾公祠与黄仁宇和他的历史名著对话……他用超越教学的教育情怀、超越课堂的课程视野、超越技术的人文精神，营造出无所不在的语文生活。

法国生理学家贝尔纳说："艺术是我，科学是我们。"在我看来，语文应该兼具艺术性与科学性，既是"我的"，也是"我们的"，而以"我的"为前提。但如果只迷恋"我的语文"，则会剑走偏锋，使格局变小；如只追求"我们的语文"，则又会丢失语文最珍贵的个性；真正的语文，应该是从"我的语文"出发，在"我的语文"中折射出"我们的语文"。《语文，我和你的故事》一书，虽是曹勇军老师的个人教育叙事，却由于他的才识、学养和襟怀，为我们提供了真正语文的全息样本和理想之国。

为什么竟没有人怀疑骗子

——再读《皇帝的新装》

    安徒生的《皇帝的新装》是一篇常读常新的经典。再读这篇文本，不禁产生一个疑惑：骗术并不高明，为什么竟没有人怀疑骗子？这是一个有趣的问题，也是学生阅读中不可回避的问题。

    如果将骗子的行径重新播放一遍，我们会发现有较多的疑点。第一个疑点，关于新衣特性的介绍。据骗子介绍，这件新衣有两大特性，一是布料"色彩和图案都分外美观"，二是"任何不称职的或者愚蠢得不可救药的人，都看不见这衣服"。第一个特性还算可信，第二个特性有些令人匪夷所思——视觉竟然取决于能力与智商！第二个疑点，骗子多次索要财物。还没开工，先向皇帝要了许多钱；开工后，"他们急迫地请求发给他们一些最细的生丝和最好的金子"；诚实善良的老大臣查看后，"又要了更多的钱，更多的生丝和金子"。最细的生丝或许还可制作布料，但在新衣还没有制成前屡次要钱，难免有骗钱的嫌疑。第三个疑点，替皇帝更衣。一般情况下，织工只负责提供新衣，不用替皇帝更衣，但这两个骗子不仅亲自替皇帝更衣，而且还介绍"这些衣服轻柔得像蜘蛛网一样，穿的人会觉得好像身上没有什么东西似的"。新衣即便看不到，总该能触摸到，骗子的话令人生疑。

    这场骗局看似畅行无阻，其实行骗之路可谓步步惊心，每一步都有可能被揭穿。向皇帝介绍新衣、要钱，骗局可能被揭穿；两位诚实的官员先后出来视察，骗局可能被揭穿；皇帝带着一群随从过来查看，骗局可能被揭穿；替皇帝更衣时，骗局可能被揭穿……

但这些可能都成为了不可能，原因何在？为什么自始至终，竟没有人会怀疑这两个骗子？

除了童话这种文体所具有的夸张、讽刺的艺术特色外，最重要的原因是骗子利用了群体心理的特性。法国著名社会心理学家古斯塔夫·勒庞所著的《乌合之众——大众心理研究》，对群体心理特性有深刻的分析。勒庞指出，如果成千上万的个人因为某个偶然事件而产生了心理及情感上的共鸣，足以使他们形成"群体"。群体一旦形成，"群体中的个人便不再是他自己，他变成了一个不受自己意志支配的玩偶。孤立的他可能是个有教养的个人，但在群体中他却变成了野蛮人"，集体的无意识代替个体的有意识，成为群体行为发生时的基本心理状态。这里的"无意识"指缺乏理性，推理能力低下，少有深思熟虑而混沌懵懂。在解读《皇帝的新装》这篇文本时，我们应关注，皇帝将有一件新装这"偶然事件"，已造成全城人的一个"心理群体"："全城的人都听说这织品有一种多么神奇的力量，所以大家也都渴望借这个机会测验一下：他们的邻人究竟有多么笨，或者有多么傻"，"城里所有的人都在谈论着这美丽的布料"。

勒庞认为，个体一旦进入群体中，群体的意志就占据了统治地位，从他们成为群体的一分子那刻起，博学者和不学无术者都一样没有了观察能力，个体淹没于群体之中，独立性变成了盲从性。这一现象比比皆是，以中国古代《狂泉》一文为例："昔有一国，国中一水，号曰'狂泉'。国人饮此水，无不狂。唯国君穿井而汲，独得无恙。国人既并狂，反谓国主之不狂为狂。于是聚谋，共执国主，疗其狂疾，火艾、针、药，莫不毕具。国主不任其苦，于是到泉所酌水饮之。饮毕便狂。君臣大小，其狂若一，众乃欢然。"个体的疯狂往往会被贴上失范的标签，但集体的疯狂却可以模糊公共的道德底线乃至社会良知，这一寓言所揭示的群体的排异性令人触目惊心。个体若想在群体中生存、发展，必须无条件地放弃独立性、放弃自我人格，从而保持与群体意志的一致性。

于是，我们不难理解诚实善良的老大臣和另一位诚实的官员的心理：

"我的老天爷！难道我是愚蠢的吗？我从来没有怀疑过自己。这一点决不能让任何人知道。难道我是不称职的吗？不成！我决不能让人知道我看不见布料。"

"我并不愚蠢呀！这大概是我不配有现在这样好的官职吧。这也真够滑稽的，但是我决不能让看出来。"

这两位诚实的官员虽然都很自信，但在如实坦陈与撒谎隐瞒之间都选择了后者，默认了群体的共同规则——"任何不称职的或者愚蠢得不可救药的人，都看不见这衣服"。在强大的群体面前，个体选择了归顺。相反，个体如果选择了对抗群体，则会带来利益、地位、声誉等方面的损失。

勒庞指出，个体被群体吞噬与群体的传染性有关。伏尔泰说得更形象："人类通常像狗，听到远处有狗吠，自己也吠叫一番。"在《皇帝的新装》中，诚实善良的老大臣被"洗脑"后，第一张多米诺骨牌就倒下了。当皇帝带着一群随从来看织布时，先前被"洗脑"的两位官员竟充当起讲解员，主动帮人"洗脑"："您看这布华丽不华丽？陛下请看：多么美的花纹！多么美的色彩！"即便皇帝或他的随从对两个织工可能将信将疑，但他们对这两位诚实的官员所说的话却不能不信。于是，连一直很自信的皇帝也不由地想："这是怎么一回事呢？我什么也没有看见！这可骇人听闻了。难道我是一个愚蠢的人吗？难道我不够资格当皇帝吗？这可是最可怕的事情。"内心的震动、惶恐，非同一般。在强大的群体意志面前，自负如皇帝也选择了隐匿自己真实的想法。我们看到，由两位官员到皇帝到随从到骑士再到全城的百姓，所有的个体都隐藏起真实的自我，自觉地消失在群体中。

为什么竟没有人怀疑骗子？因为骗子定下的游戏规则经由皇帝的权威认定和民意的发酵，已成为群体的共同规则，怀疑骗子等于与群体对抗。

哈维尔说："谎言世界的外壳是由奇怪的物质构成的，只要它把整个社会封闭起来，它就会看上去坚如磐石，但是一旦有人打破了一个小小的缺口，有人喊出'皇帝光着身子'，打破游戏规则，揭露游戏本质，这时，一切事物都原形毕露，整个外壳就会无可拯救地四分五裂。"这场骗局最终是由一个天真无邪的小孩子揭穿的。

"可是他什么衣服也没穿呀！"一个小孩子最后叫了出来。

"上帝哟，你听这个天真的声音！"爸爸说。于是大家把这孩子讲的话私下里低声地传播开来。

"他并没穿什么衣服！有一个小孩子说他并没穿什么衣服呀！"

"他是没穿什么衣服呀！"最后所有的百姓都说。

安徒生说："我写的童话不只是写给小孩子们看的，也是写给老头子和中年人看的。小孩子们从我的童话故事情节本身体味到乐趣，成年人可以品尝到其中包含的深意。"《皇帝的新装》一文安排了一位小孩子充当非理性时代的先驱，其实含有深意。《圣经》中有一句："你们若不回转，变成孩子的样子，断然进不了天国。"这是《圣经》告诫成年人的话，也是安徒生在《皇帝的新装》一文中要说的深意——像孩子一样天真无私，守护自我。这位发出了自己声音的小孩子是幸运的，他可能永远不会知道当他叫出了这句话后所面临的危险：他的爸爸没有立刻理解支持他，在传播的过程中，这位无知无畏的小孩子其实承担了说真话的全部责任。

童话的结局毕竟是美好的，但在现实中，以个体挑战群体的志士们大多付出了沉重的代价。苏格拉底是古希腊伟大的哲学家，主张无神论和言论自由，却与当局统治者的意见相左。公元前399年，经由雅典人投票，苏格拉底以"不敬神"和"蛊惑青年"的罪名被判处死刑。那一刻，雅典大众的神圣意志得到了充分体现，他们以群体的力量战胜了一个年迈的"另类"并在肉体上消灭了他。但之后的历史告诉我们，那些雅典人——生活在当时世界上最为自由城邦之一的"大众"，犯下了不可宽恕的暴行。

美国积极心理学家乔纳森·海特在《象与骑象人》一书中，提供了一个生动的比喻：人类的心理，有一半正如一头桀骜不驯的大象，而另一半则像一位理智的骑象人。人类心理经常会产生理性与非理性的冲突，但不管如何，我们都要努力成为理智的骑象人，避免沦为"乌合之众"中的一员。即便处于"骗子"得势、谎言横行的群体中，我们也不能沦落到助骗者和造谣者的行列。

"学习科学"：课堂优化教学的新视角

——读《人是如何学习的：大脑、心理、经验及学校》

美国 16 位学习研究专家受美国教育部教育与改进办公室的委托，组成学习科学发展委员会，对人类学习的科学基础及其在教育中的应用进行了历时两年的分析研究，最后以论著形式发表《人是如何学习的：大脑、心理、经验及学校》。第一版出版后，美国国家研究院（NRC）成立了学习研究与教育实践委员会，承继关于"学习"的这一研究项目，探索如何更好地将学习科学方面的研究发现与实际的课堂教学连接起来。《人是如何学习的：大脑、心理、经验及学校》（扩展版）正是他们的研究成果。

这本书吸收了认知心理学、发展心理学、神经科学、人类学等领域的重要观点和例证，从"学习者与学习"、"教师与教学"、"学习科学未来发展走向"几个部分阐述，帮助我们加深理解"人是如何学习的"，帮助我们更好地实施课堂教学。

高文教授说："当今世界正面临着一场'学习的革命'，我们将彻底改革几个世纪以来人们已经习以为常的旧的传统的教育观念和教学与学习方式，创造出一种在真正意义上尊重人的创造性、相信人的潜力、便于人与人交际与合作的崭新的教育观念和学习模式。"人们对有效学习的观念已经发生了根本性的变化，教学研究的重点已从如何教转向如何学，从结果转向过程，从机械操练转向知识的理解和运用。

这本书将学习理论成果高度概括为三条基本的学习原则。

第一，学生的任何学习，都是在他们关于世界如何运作的前概念基础上发生的。学生是带着先前知识来到课堂的，有的先前知识促进学习，有的先前知识阻碍学习。书中转述了一个很有意思的故事——"鱼就是鱼"。故事讲的是，有一条鱼，他很想了解陆地上的事，却因为只能在水中呼吸而无法实现。他与小蝌蚪交上了朋友。小蝌蚪长成青蛙后，便跳上陆地。几周后，青蛙回到池塘，向鱼描述了陆地上的各种东西：鸟、牛和人。鱼根据青蛙对每样东西的描述做了想象——人被想象成用鱼尾巴走路的鱼，鸟是长着翅膀的鱼，奶牛是长着乳房的鱼。这个故事耐人寻味，我们的任何学习也正如这条鱼一样，会不可避免地带着学习者的主体经验。

第二，为了发展探究能力，学生必须具有深厚的事实性知识基础，在概念框架的情境中理解事实和观念，并对知识加以组织以便提取和运用。这个发现来自专家和新手的比较研究。专家不仅是"优秀的思考者"，还拥有丰富的结构化信息基础。据估计，培养出世界级国际象棋大师需要让棋手经过 50000 至 100000 个小时的训练，他们需要具备大约 50000 个熟悉的棋谱作为知识基础。但拥有大量不相关的事实性知识是不够的，他们必须围绕核心概念或"大观点"来联系或组织信息，他们能看清对新手而言不是显而易见的模式、关系或差异。由于对专业知识有深刻的理解，所以专家能够顺畅地调取知识，能够支持理解性学习和知识的迁移。

第三，"元认知"的教学方法，可以帮助学生通过确定学习目标及监控达成目标的过程来学会控制自己的学习。专家在工作中常常会采用内部对话的形式，对自己的思维加以监控。元认知，不仅关注学习内容，而且关注并调控学习过程本身。"元认知"的教学方法，就是引导学生开展内部对话，监控自己的学习过程，最终达到没有老师支持的情况下的自能学习。

以上三条关于学习的核心原则，对教学尤其是课堂教学有着重要的启示。第一，教师必须了解学生的原先认知基础。课上，教师应积极探究学生的思维，组织可以揭示学生思维的课堂活动。同时，通过形成性评价，让学生把自己的思维尽可能展示出来。第二，教师必须深度地教授一些学科知识，用少量主题的深度覆盖去替换学科领域中对所有主题的表面覆盖，有足够数量的深度研究案例让学生掌握学科中特定领域的重要概念。第三，将元认知的教学与基于学科的学习整合可以提高学生的学业成绩并发展学生独立学习的能力。

这些学习理论的发现，将学生的学习从以往行为主义的记忆、练习、再现，提升到深刻理解、研究发现、自主建构与社会建构以及灵活运用、广泛迁移、注重能力的层面。在这三条学习原则的基础上，本书提出了四种有关学习环境的视角，即学习环境以学习者、知识、评价和共同体为中心。

以学习者为中心的学习环境，指教师要以学生在进入这个学习环境前的知识为起点来进行教学。学习者中心环境试图帮助学生将他们先前知识与当前的学习任务联系起来。有效教学，始于学习者的现有知识，他们的文化实践、信仰等。

以知识为中心的学习环境，指教师试图帮助学生理解每个学科的重要概念及其知识结构。知识中心视角强调课程设计的重要性，即怎样培养学生对学科的整体理解。

以评价为中心的学习环境，突出形成性评价的重要作用，促进学生的理解性学习。学习是复杂的，学习需要反馈与反思的机会，而不是单纯的一次性训练。反馈评价包括形成性评价和终结性评价两种，前者重在过程改善，后者重在结果测量。评价中心视角是通过形成性评价，为学生提供回顾和改进思维和学习的机会。

以共同体为中心的学习环境，强调学生学习的自主建构要与社会建构相统一。这里的"共同体"既包括班级、学校，还包括家庭、社区、校外活动项目等。打造学习共同体，将学生置身于共同体中学习，不仅能较好地满足学习者的自尊和归属需要，促进学习者之间更好地交流，更重要的是还能激发学习者的学习内驱和创造力。

当下，我们已认识到，教学要以学习者为中心，而本书认为要将以学习者、知识、评价、共同体为中心的学习环境一致起来，"四位一体"，相互支持，不可分割。在我看来，关于学习环境的四种视角的"一致"对我们当下的教学而言，意义尤为重大。当前教学有"一切绕着学生转"的极端倾向，这其实是由"教师中心"的极端滑向"学生中心"这另一极端，而教学是复杂的，在考虑学生原有基础和发展的同时，还应从课程层面考虑知识的结构性。当下，"学习共同体"也是一个热词，但常常是为合作而合作，为应付测试而合作，而不是为了理解性学习而合作。还有，班级学习共同体往往局限于某一学科，并没有与其他学科形成一致。班级共同体的安排或许与学校共同体的安排相冲突，校内学习也未能与校外活动连接起来、学习与生活的割裂……如此种种"不一致"，会严重干扰教学效率。

这本书讨论了与深入理解学生学习过程的有关的六个领域的研究：在学习中先前知识的作用；基于大脑发展的早期经验的可塑性和相关问题；学习是一个主动过程；理解性学习；适应性专业知识；学习需要付出时间和精力。本书提出了很多促进改善课堂教学的观点，如"在多元情境而非单一情境中学到的知识更有利于灵活的迁移""所有的学习都包括来自以往经验的迁移""每个人的学习都是建立在理解、资源和兴趣之上的"……

总之，这本书是当代学习科学研究成果的集中体现，可以帮助我们更好地理解学习过程，从而优化课堂教学，助推课堂教学改革。

读书，就是我的呼吸

2015 年 4 月 22 日，平江路在夕照下依次展开它的长轴画卷，游人不多，孙绍振、肖培东、顾菁和我，四人散散淡淡地走。培东兄在美景前总有摆 pose 留影的习惯，这次倒很节制，大约因为有孙老先生在旁。我和培东兄聊起我的这部书稿，让他帮想想书名。培东兄毕竟是才子，他在听了我的几个备选书名（如"让阅读像呼吸"）后，沉吟一会儿，说："不如叫'读书，就是我的呼吸'。"我大声呼好，这书名不错（虽然最终没用），"就是"两字，浓浓的培东味道，任性，还有点小小的执拗和自恋。就如他的新书《我就想浅浅地教语文》，有一种深刻的孩子气在里头。

晚上，邀培东参加玖玖雅集。路上自然聊起他的读书。他说他读书、读文章，只是反反复复读文章本身，几乎不看参考性资料，非要读出自己的感觉来不可。读书，就是这样，一定要读出自己，读出生命深处的感悟，恰如呼吸，它一定会联结着心肺，呼吸之间含着自己的气息、自己的味道。正如金圣叹读到《西厢记》"不瞅人待怎生"一句，感动得三日卧床不食不语。读书至此，书人不分，也算是达到读书痴境了。这样的读书感受，我年轻时也有过。那是在周末的教室，静静读着《乱世佳人》，不觉已至傍晚。当读到斯嘉丽不幸小产时，望着外面迷蒙的暮色，不觉心头大恸，顿时肠胃翻滚，呕吐不已。

这样的读书是把整个身心都交给了面前的这本书，不加设防地，完全被拉进了书的场景中。这种读书方式可能会被学院派责之以浅显幼稚，而在我看来，却有着最深刻的单纯。可惜这样的读书感受已很久没有体验过，不知是心灵逐渐硬化，还是与书之间逐渐拉远了距离？

我一直认为，读书应该成为我们的生活方式，就像呼吸一样自然。当今社会，躁气与戾气弥散日甚，很多人难以获得澄澈、自在、从容的心灵之境，人可悲地成了自我放逐的对象。而要消除人与自我的隔阂，读书、闲坐、行走等都是可以让人体验到"我在"的方式。教育哲学家内尔·诺丁斯说："幸福生活就是事业顺遂、良好的人际关系、有空闲时间看自己喜爱的书，以及在海滩上散步看日出与日落。"幸福生活的这四条标准其实就是着力解决人与物、人与人，以及人与自我的关系，而这三组关系中，人与自我的关系尤为重要，它涉及心灵的安顿与归宿。有空闲时间读自己喜爱的书，这条幸福标准其实很高。在快节奏的当代社会，很多人最缺的不是"钱"而是"闲"，于是越忙越不读书，越不读书越忙。忙者，心亡也。读书，能够帮我们找回自己的心。越忙越要读书，而越读书就会越悠闲，因为你或者在读书中找到了更高效的处世智慧，或者在读书中彻悟了"事非看破不能闲"的道理。

青春版《牡丹亭》里，柳梦梅赶考途中，饿昏倒地，被好心人扶起，人家问他：你是何人？但见柳书生呆答：小生乃读书人！全场笑喷。一个整天把自己定位为"读书人"的人，是相当授人以柄的。读过几本书，真不值得拿来说事，正如一只蚕吃掉几簸箕桑叶，是不值得炫耀的，——关键还看吐出的丝是否白而长。评价读书人，不是看他读了多少本书，而是看他将书中的智慧转化了多少变成他生命的智慧。读书之道正在一呼一吸之间，吸为基础，呼为结果。只吸不呼或只呼不吸，肯定会窒息；而多呼少吸或少呼多吸，长久下去也不利于健康。

我是主张功利读书的，我也知道这种阅读取向会被一些读书人嘲笑，但我坚决反对读书与生活两张皮分裂的现象，读书如不能作用于生活，这样的读书不值得提倡。读书要能获益最大，需要完成呼吸之间的转化。艾德勒说："你真想拥有一本书，你就把它讲出来。""呼"，就是讲出来，或用文字，或用口语。在这个过程中，"吸"会更深入、更全面。对陈日亮老师倡导的"以言传言"的阅读法，我深以为然。

其实，谈读书是一件费力不讨好的事。读书是私密性很强的事，像蒙田就不主张将书房示人。诸葛亮年轻时与徐庶等三人一起读书，"亮独观其大略"，而"三人务于精熟"，诸葛亮内心大概有一点瞧不起他们的读书方式的意思，终于忍不住评点："卿三人仕进可至刺史郡守也"。而当三人问起诸葛亮将来会做到多大的官时，"亮但笑而不言"。很多人很佩服诸葛亮的读书智慧，但在我看来，徐庶等人的"务于精熟"的沉潜涵泳的功夫同样可贵。犹如每个人的呼吸有疾缓长短的区别一样，每个人的读书也都是独一无二的，难以复制，难以模仿。这本书里的读书建议、读书随笔，也只是"我的呼吸"，你或者喜欢或者不喜欢，其实都不重要，重要的是，你可以从中找到自己的呼吸节奏。

在书稿行将付梓时，我真心感谢一群人。大夏书系李永梅社长对书稿甚为关心，为书名斟酌再三；杨坤主任、齐凤楠老师对书稿的编辑也是字字上心；我生命中的贵人高万祥、黄厚江老师为此书用心作序，序言几番修改，动情走心；中国教育报刊社的王珺主编、却咏梅老师，在中国教育报2014年度推动读书十大人物颁奖典礼上，予我以鼓励；还有玖玖雅集的一群气味相投的书友们，我们已走过三年，我们还将继续走下去……

最后，请允许我郑重地感谢我的爱人。她是我大部分书稿的第一读者，而且是绝好的鉴赏家，对书稿提出了不少中肯的意见。她分担了我的家庭任务，使我能全身心地投入到书稿的写作中和我的工作中。想起这些，我内心更多的是感激，还有幸福。

我将继续调整好呼吸，与自然韵律保持一致，享受健康，享受美好人生。

徐 飞

2016 年 5 月